HANS TRAXLER

DIE NACHT, IN DER KASIMIR MALEWITSCH DAS SCHWARZE QUADRAT KLAUTE

Acht Kunstgeschichten

Verlag Antje Kunstmann

ACHT KUNSTGESCHICHTEN

INHALT

MALEWITSCH

An einem bitterkalten Februartag des Jahres 1913 gründete sich in der Malklasse von Professor Semlinsky an der Kaiserlichen Akademie zu St. Petersburg eine anarchistische Gruppe von Malschülerinnen, die anfangs gefeiert, dann totgeschwiegen und schließlich in Gestalt von Kasimir Malewitsch, der sich ihrer Kunsttheorie bemächtigt hatte, eine weltweite Bedeutung erlangte, die durch das ganze 20. Jahrhundert hindurch bis zum heutigen Tag unvermindert anhält.

Alles begann damit, dass Warwara Schubianskaja, eine blasse Neunzehnjährige, zum wiederholten Male daran scheiterte, ein Stillleben, bestehend aus einer Melone, einer Weinflasche und einer Handvoll Walnüssen, auf einer weiß grundierten Leinwand mit der Zeichenkohle wiederzugeben. Dauernd verrutschte ihr die Perspektive, die Proportionen stimmten nicht, die Senkrechten waren windschief und das ganze Bild kippte nach links.

Immer wieder wischte sie die Kohlezeichnung mit dem Maltuch von der Leinwand weg, die dadurch langsam eine schmutzig graue Färbung annahm, und setzte neu an, bis ihr die Tränen kamen.

Sie schielte hinüber zu Professor Semlinsky, der von Staffelei zu Staffelei ging und immer näher kam. Sie wusste, was er gleich zu dem Chaos auf ihrer Leinwand sagen würde.

Dass sie ein hoffnungsloser Fall sei. Dass sie doch lieber heiraten und eine Familie gründen sollte, mit vielen, vielen Kinderlein.

Das musste sie sich wirklich nicht noch einmal anhören. Bevor Semlinsky sie erreichte, raffte Warwara ihre Malsachen zusammen und hastete das marmorne Treppenhaus hinunter.

Eine Stunde später saß sie in ihrem ungeheizten Dachzimmer in einem heruntergekommenen Haus am Ende des Newski-Prospekts und vertiefte sich in die Schriften von Bakunin, Saint-Simon, Karl Marx und Lew Tolstoi.

Sie blieb dort eine Woche, lebte von Blini und Milch und machte sich Notizen. Am Morgen des siebenten Tages las sie noch einmal alles, was sie geschrieben hatte, und fand, dass es gut war.

Sie kehrte zurück in die Malklasse, wo ihre Kolleginnen mit hochroten Köpfen an dem Thema für die Zwischenprüfung arbeiteten: »Zar Iwan überquert die Wolga bei Kasan«.

Das Ergebnis würde über ihren Verbleib auf der Akademie entscheiden.

Warwara Schubianskaja, Studierende im dritten Semester, bat ums Wort.

Nicht ohne Erleichterung unterbrachen ihre Kommilitoninnen die Arbeit, wuschen die Pinsel aus, trockneten sie sorgfältig und bildeten einen Kreis um die Rednerin.

Die holte ihre Notizen heraus, sah sich fast entschuldigend um, räusperte sich mehrmals und fing an, mit dünner Stimme erst zu lesen, dann frei zu sprechen. Sie gewann an Festigkeit, als sie merkte, dass die Malfrauen in den bodenlangen, farbverschmierten Kitteln ihr mit wachsendem Interesse zuhörten.

Hier ist eine Zusammenfassung dessen, was Warwara an diesem historischen 5. Februar 1913 vortrug.

Professor Semlinsky sei ein Idiot. Schlimmer noch, er sei ein alter Idiot. Am schlimmsten aber, er sei ein reaktionärer alter Idiot, ein Lakai der herrschenden Klasse der Popen, Bojaren und Generäle, kurz, ein Feind des Volkes.

Semlinsky behauptet, ich habe kein Talent! Talent wofür?

Für eine Malerei, die der Verherrlichung der Reichen und Mächtigen dient, der Unterdrücker und Ausbeuter, die längst auf den Misthaufen der Geschichte gehören?

Für eine Malerei, die in goldenen Rahmen an den Wänden der Salons hängt, während der leibeigene Muschik in seiner strohgedeckten Lehmhütte nicht einmal genug Leinwandlappen hat, um seine Füße zu umwickeln?

An dieser Stelle wurde die Rednerin von lautem Beifall und »Semlinsky an die Laterne!«-Rufen unterbrochen. Sie nutzte die Gelegenheit, einen tiefen Schluck aus der Wasserkaraffe zu nehmen, und fuhr fort.

Sie habe in der vergangenen Woche viel gelesen und nachgedacht. Dabei sei sie zu dem Schluss gekommen, reaktionär seien nicht nur die Inhalte der Malerei, zu der sie hier gedrillt würden wie die Äffchen der Leierkastenmänner. Auch die Malerei selbst sei es, die in ihrer Kompliziertheit und in ihren Ansprüchen zum Herrschaftsinstrument der Herrschenden verkommen ist.

Die Kunst sei für alle da, und alle haben das Recht, sie auszuüben, die Begabten wie die Unbegabten. Die ganz besonders, denn sie sind schließlich in der Mehrheit.

Es sei undemokratisch, ungerecht und elitäres Denken, einem Großteil aller, deren sehnlichster Wunsch es ist, Künstlerinnen oder Künstler zu werden, unter dem fadenscheinigen Vorwand der Unbegabtheit den Zugang zum Studium zu verwehren.

Während der letzten Sätze waren immer mehr Malschüler und Malschülerinnen durch die offene Tür hereingeströmt, die ihrer Kommilitonin zuhörten und sie anfeuerten. Unter ihnen ist ein gut aussehender schwarz gelockter Student namens Kasimir Malewitsch, der aufmerksam lauscht und sich Notizen macht.

Warwara ist jetzt auf das Podest gestiegen, auf dem sonst die Modelle sitzen. Sie stößt ihre kleine linke Faust himmelwärts und ruft:

»Genossinnen und Genossen! Befreien wir die Malerei von der Diktatur der Inhalte! Nieder mit der Figurenmalerei! Schluss mit der Sklaverei der Maltechnik und der Farbenlehre! Erlösen wir die Kunst von der Folter der Perspektive, der Anatomie, des Faltenwurfs und der Lichtregie! Verweigern wir uns dem Stumpfsinn des Grundierens, der Vorzeichnung, der Untermalung, des Lasierens und des pastosen Farbauftrags! Befreien wir die Malerei von all diesem überflüssigen historischen Ballast, und wir werden freie Künstler in einer freien Gesellschaft sein!«

Nachdem sich der Jubel gelegt hat, wird per Akklamation beschlossen, zum Winterpalast zu marschieren und ihn zu stürmen. Zum Zeichen des Protests werde man dort kleine Fläschchen aus den Ärmeln holen und Salzsäure über die riesigen Historienschinken schütten, die dort überall an den Wänden hängen. Anschließend wird man sie in Ketten legen und wahrscheinlich nach Sibirien in die Verbannung verschleppen.

Allerdings, sagte Warwara nach einer Pause, rechne sie nicht damit, dass es so weit komme. Vermutlich würden sie bereits vor den Toren des Winterpalastes von den brutalen Kosaken der zaristischen Palastgarde empfangen und von den Pferden herab mit der Knute auseinandergetrieben.

Das sei ihre Feuertaufe, mit der sie in die Kunstgeschichte eingehen würden. Was dann geschah, als sich der Protestzug in Eis und Schnee dem Palast näherte, damit konnte wirklich niemand rechnen.

Kein Kosake war zu sehen, dafür gingen plötzlich alle Lichter an, Musik erklang, und das Tor öffnete sich wie von Geisterhand. Der Haushofmeister in goldbetresster Uniform trat heraus und bat die jungen Frauen ins Innere.

Dort wurden sie von mehreren Lakaien über Treppen und lange Flure in einen goldglänzenden saalartigen Raum geleitet, der sich als Atelier der Zarin Alexandra Feodorowna erwies.

Die erhob sich bei ihrem Eintritt von ihrer Staffelei, kam den wie versteinerten Besucherinnen freundlich entgegen, gab jeder die Hand und bat sie an einen großen runden Tisch, wo ein mächtiger silberner Samowar, goldumrandete kobaltblaue Tässchen und Tellerchen mit Konfekt, ein englischer Teekuchen und Brüsseler Pralinen auf sie warteten.

Es war ein Albtraum.

Wie gelähmt saßen die Malschülerinnen auf den Kanten der goldenen Stühlchen, die von den Lakaien hilfreich zurechtgerückt worden waren, und hörten wie von ferne das heitere Geplauder der Kaiserin, die alles tat, um ihre jungen Gäste von deren offenbarer Befangenheit zu befreien. Allmählich, aber immer noch wie unter Hypnose kam dann doch noch eine kleine Fachsimpelei zustande.

Sie habe, gestand die Zarin kichernd, bereits vier französische Zeichenlehrer verschlissen. Der jetzige habe ihr vom Figurenzeichnen dringend abgeraten. Sie habe einfach diese Sache mit Standbein und Spielbein nie begriffen: »Und dann auch noch die Barocke Schraube, mon Dieu!«

»Euer Majestät Figuren stehen ja da wie die Zinnsoldaten!«, habe ihr Zeichenlehrer gesagt, und das sei gewiss kein Lob gewesen. Seither male sie meist kleine Stillleben, vermeide aber Äpfel und Weintrauben, wegen der vielen Kreise. Ob sie auch solche Schwierigkeiten hätten, Kreise zu malen? Birnen seien da ja viel einfacher, und darauf käme es ja schließlich an, »n'est-ce pas«?

Mit offenen Mäulern saßen Warwara und ihre Freundinnen auf den goldenen Stühlen und verschlangen aus Verlegenheit Unmengen von Konfekt.

Nach einer Stunde, die ihnen wie die Ewigkeit vorgekommen war, klingelte die Kaiserin die Bediensteten herbei und entließ ihre Gäste mit einem munteren: »Nun aber husch, husch an unsere Staffeleien, meine Damen, nicht wahr?«

Wie im Nebel nahmen sie den legendenumwobenen Mönch Rasputin wahr, der, wie ein Muschik gekleidet, mit Leinenlappen an den Füßen, in der Tür auftauchte, ihnen freundlich zunickte und wieder verschwand.

Wütend und frustriert stapften die sieben Malfrauen über die endlosen Flure und Treppen hinunter und hinaus in die klirrend kalte Nacht. Auf dem langen Heimweg durch Eis und Schnee ließen sie ihrer Wut freien Lauf.

»Die Schnepfe hat uns reingelegt! Und wir blöden Kühe haben mitgespielt!«

»Du vielleicht, ich nicht!« »Was für eine Schande!« »Was hätten wir denn tun sollen? Wir konnten doch nicht einfach mittendrin aufstehen und unsere blöden Säurefläschchen an die Wand werfen!« »Konnten wir doch!« »Konnten wir nicht!« »Sei du ganz ruhig! Ich habe genau gesehen, wie du zum Schluss einen Knicks gemacht hast!« »Das war kein Knicks! Ich bin auf dem Teppich ausgerutscht!« »Bist du nicht!« »Bin ich doch!«

Unter solchen Gesprächen kehrten die sieben Studentinnen des dritten Semesters in ihre Zimmer zurück. Dort blieben sie eine Woche und waren für niemanden zu sprechen.

Für alles, was sich im Folgenden ereignete, ist die Quellenlage so dünn wie das Eis auf der Newa Anfang Mai.

Warwara Schubianskaja und ihre sechs Mitstreiterinnen hatten sich gleich nach der Rückkehr geschworen, über alles, was sich bei ihrem auf blamabelste Weise missglückten Sturm auf den Winterpalast ereignet hatte, bis ins Grab zu schweigen.

Ihre Traumatisierung führte dazu, dass sie apathisch und tatenlos zusahen, wie Kasimir Malewitsch ihre bahnbrechende Theorie vom Einfachen Malen zu der seinen machte. Sie setzten ihr Studium unauffällig fort, bis sich ihre Spuren vier Jahre später in den Wirren der Oktoberrevolution verloren.

Aber auch Kasimir Malewitsch hatte gute Gründe, über seinen Auftritt in der Klasse Semlinsky zu schweigen. Er tat es so gründlich, dass die meisten Biografen bis heute daran zweifeln, ob dieser Auftritt wirklich stattgefunden hat.

Kasimir Malewitsch hatte ein vitales Interesse daran, die Rolle von Warwara Schubianskaja als Begründerin der »Einfachen Malerei« zu verwischen oder am besten ganz zu tilgen.

Dazu brachte er auch alle Voraussetzungen mit.

Zeitlebens bestand er darauf, Herr seiner eigenen Biografie zu sein. Sein selbstbestimmter Umgang mit Orten und Zeiten war legendär, und seine Sorglosigkeit, mit der er einzelne Bilder oder ganze Schaffensperioden vor- und zurückdatierte oder ganz verschwieg, lassen manche Kunsthistorikerin verzweifeln.

Hier ist eine Zusammenfassung des Berichts von Oleg Wissarionowitsch Komensky, Student im dritten Semester, der beim Sturm auf den Winterpalast in der Klasse zurückgeblieben war. Er ist die einzige Quelle, über die wir verfügen.

Nachdem die Protestlerinnen auch nach drei Tagen nicht vom Sturm auf den Winterpalast zurückgekehrt waren, tauchte plötzlich Kasimir Malewitsch in der Klasse Semlinsky auf.

Man müsse mit dem Schlimmsten rechnen, sagte er mit Grabesstimme.

Wahrscheinlich seien Warwara Schubianskja und ihre Mitverschworenen längst in Viehwaggons auf dem Weg in die Verbannung nach Irkutsk, wenn nicht sogar Nowaja Semlja. In Ketten, mit eisernen Kugeln an den Füßen. Die übliche Haftzeit betrage dort seines Wissens 25 Jahre.

»Für uns Hinterbliebene«, sagte Malewitsch nach einer Pause, »gilt es jetzt, die Fackel weiterzutragen. Das sind wir Warwara schuldig!«

Er sei einer der Ihren, ein Wahrheitssucher wie sie.

Auf dem Weg zur »Einfachen Malerei« habe er sich lange mit dem Kubismus auseinandergesetzt, der bekanntlich die menschliche Figur auf ihre Grundelemente Säule, Würfel, Zylinder, Kugel und Pyramide reduziert.

Ein interessanter Versuch der französischen Genossen, ohne Frage, aber letztlich doch halbherzig. Da alle diese Elemente dreidimensional sind, käme dann ja wieder die Perspektive ins Spiel und damit endlose Schwierigkeiten, die in der »Einfachen Malerei« nichts zu suchen hätten.

Ob sie ihm folgen könnten?

Da sei ihm gestern Nacht die Erleuchtung gekommen! Wenn man einfach die dritte Dimension weglasse, was bliebe dann übrig? Das Rechteck, der Kreis, das Dreieck und das Quadrat!

Atemlos hatte die Klasse gelauscht. Es war so still geworden, dass man das Köcheln des Samowars hörte, der in einer Ecke des Ateliers stand.

Kasimir Malewitsch, Student im 16. Semester, bestieg jetzt das Modellpodest und wandte sich mit ausholenden Gebärden an seine Zuhörer:

»Genossinnen und Genossen! Eine Bewegung wie die unsrige, die des ›Einfachen Malens‹, braucht ein Signet, ein Zeichen, ein Symbol! So wie das Kreuz der Kirche, der Halbmond der Osmanen, die Jakobinermütze der Franzosen oder das Rote Banner der Bolschewiki.«

Dann griff er in seinen Malkittel und holte ein Blatt hervor, das er nach allen Seiten zeigte. Da sei der Entwurf. Keineswegs perfekt, aber klar in der Aussage:

Ein schwarzes Quadrat auf weißem Grund.

Er bitte um ihr Urteil.

Bei näherem Hinsehen erwies sich, dass das Quadrat weder ganz quadratisch noch richtig schwarz war. Die rechte Seite fluchtete nach links unten, das Schwarz changierte in mehreren Tönen und hatte außerdem Craquelüren, zudem war die Kontur ausgefranst, aber die Bildaussage war jedem klar.

Malewitsch bot an, alle handwerklichen Schwächen umgehend zu tilgen und den Freunden alsbald das schwärzeste, quadratischste Quadrat vorzulegen, das Menschengeist und Menschenhände zu schaffen in der Lage seien.

Mangels einer Alternative stimmte die Klasse Semlinsky zu, Malewitsch machte sich ans Werk, und schon nach drei Jahren, 1916, präsentierte er das Urquadrat, das heute in der Tretjakow-Galerie hängt.

Seit diesem Tag gilt Kasimir Malewitsch zuerst einem kleinen Kreis, dann einer Handvoll Kennern und schließlich der ganzen Welt als Vollender der Malerei schlechthin und sein Werk als eine der fünf Säulen der Weisheit, auf Augenhöhe mit Platons Höhlengleichnis, dem Heiligen Gral, dem Ei des Kolumbus, Einsteins Weltformel und Heideggers Nichten-dem Nichts.

Malewitsch aber wollte weniger.

Weniger als das Fast Nichts.

Auf dem Weg dorthin präsentierte er 1919 ein weißes Quadrat auf weißem Grund.

Inzwischen hatte sich die politische Lage in Russland mehrfach gewendet.

Nach dem Niedergang der Romanows, nach einem neuerlichen Sturm auf den Winterpalast und der Flucht der Regierung Kerensky, waren die Bolschewiki an die Macht gelangt. Malewitsch hatte mit den neuen Herren seinen Frieden geschlossen.

Aus diesem Anlass publizierte er das »Rote Quadrat«, arbeitete aber bis zu seinem Tod am 15. Mai 1935 an seinem eigentlichen Ziel, dem »Transparenten Quadrat auf unsichtbarem Grund«.

Die Vollendung zu erleben, blieb ihm versagt. Als sein Ende nahte, versammelten sich die Freunde und Kampfgenossen um sein Bett. »Ich war so nahe dran, so nahe …!«, murmelte er und zeigte mit einem Spalt zwischen Daumen und Zeigefinger, wie nahe.

Dann sank er in die Kissen zurück und flüsterte:

»BLYARD!«

Das ist Russisch und bedeutet zu Deutsch: »Scheiße!«

WIEN 1907

An einem trüben Septembertag, Schlag elf Uhr vormittags, überquert ein junger Mann den Schillerplatz im 1. Bezirk. Er sieht aus, als ob er die Nacht auf einer Parkbank verbracht hätte. Seine Hosenaufschläge sind zerfranst und sein Blick ist fiebrig. Er wirkt gehetzt.

Unter dem Arm trägt er eine abgestoßene, mit marmoriertem Velin bezogene Mappe, darin ein Konvolut von zwanzig Zeichnungen auf billigem Papier.

Er nähert sich dem Portal der Kunstakademie, einem imperialen Prachtbau des Ringstraßen-Architekten Theophil Hansen.

Dort zögert er einen Moment, dann strafft er seine schmächtige Gestalt, als gebe er sich einen Befehl, und steigt entschlossen die Freitreppe hoch. Er durchquert die Eingangshalle, über sich die Deckenfresken des von ihm hochverehrten Romantikers Anselm Feuerbach.

Jetzt steht er vor der hohen Tür der Aula, hinter der das

Professorenkomitee auf ihn wartet, das über seine Aufnahme in die Akademie entscheiden wird. In Kopfhöhe hängt an einem Messingkettchen ein Schild mit der Aufschrift: »Bitte hier warten, nicht klopfen.«

Der junge Mann ist nicht zum ersten Mal hier. Vor einem Jahr stand er schon einmal vor dieser Tür. Ihm läuft eine Gänsehaut über den Rücken, wenn er daran denkt.

Es war so peinlich.

Nicht einmal zur praktischen Prüfung hatte man ihn zugelassen, dem Zeichnen in der Klausur nach einem vorgegebenen Thema.

Einen Postkartenmaler hat ihn einer der Prüfer genannt, und wenn er ehrlich wäre, müsste er zugeben, dass er genau das ist.

Im Männerwohnheim in der Brigittenau, wo er in einer Kabine haust, hält er sich seit seiner Flucht aus Linz mit dem Abmalen von Postkartenmotiven über Wasser: Hofburg, Karlskirche, Stephansdom, Schottenkirche, Prater, Schönbrunn, Gänseliesel.

Er malt diese Bildchen keineswegs nach der Natur, das kann er nicht. Vielmehr zeichnet er die Ansichten aus einem alten Buch ab.

Dem jungen Mann fehlt eine Grundvoraussetzung, die für jeden gilt, der ein Bauwerk oder eine Straßenansicht wiedergeben will: die Fähigkeit, dreidimensional zu zeichnen. Seine Fluchtlinien sind eine Katastrophe, Auf- und Untersicht setzt er nach Belieben.

Als ihn sein Zimmergenosse Hanisch darauf aufmerksam macht, bekommt er einen Tobsuchtsanfall. Schaum tritt vor seinen Mund, er fängt an zu schreien, zerreißt den Zeichenblock, wirft ihn auf den Boden und trampelt darauf herum. Von da an hat er nie wieder versucht, nach der Natur zu zeichnen oder zu malen.

Dreißig Jahre später, als er längst berühmt ist, werden sich die Sammler um diese Elaborate reißen, bis zu 10.000 Reichsmark werden dafür geboten.

Jetzt bekommt er pro Blatt drei oder vier Kronen, und die muss er sich mit seinem Freund Hanisch teilen, der die billige Ware in den Beisln und Kaffeehäusern anbietet, von Tisch zu Tisch gehend wie die Blumenfrauen.

Wenn Hanisch spät am Abend mit den unverkauften Blättern zurückkommt, fällt das Nachtmahl aus, wie letzten Abend und den Abend davor. Es fällt ziemlich häufig aus.

Diesmal soll alles anders werden.

Es ist seine letzte Chance, eine dritte wird es nicht geben. Auf diesen alles entscheidenden Tag hat er sich das ganze Jahr über intensiv vorbereitet.

Er will jetzt Bühnenbildner werden. Mehrmals in der

Woche, sobald er eine Krone übrig hat, läuft er zur Staatsoper, stellt sich stundenlang in die Warteschlange für die billigen Plätze und hält dann weitere fünf Stunden im Stehparkett die Wagner-Opern durch. Parsifal, Lohengrin, die Meistersinger, den ganzen Ring. Den Tristan hat er, nach eigenem Bekunden, vierzig Mal gesehen.

Sein neues Idol ist Alfred Roller, der berühmte Bühnenbildner, zuständig für die Ausstattung der Wagner-Opern, die der noch berühmtere kaiserliche Hofoperndirektor Gustav Mahler dirigiert. Es ist das weltweit Beste, was die Oper in Sachen Richard Wagner in dieser Zeit zu bieten hat.

Das Professorenkollegium der Wiener Kunstakademie ist das prestigeträchtigste der ganzen K.-u.-k.-Monarchie. Jeder Einzelne der Prüfer ist eine Legende.

Ritter von Pröll, dessen »Tod des Tambours«, eine Begebenheit aus der Schlacht von Solferino, jedes österreichische Schulkind kennt, Hirschbiegel, der die Klasse für Monumentalmalerei leitet und nebenbei die halbe Ringstraße mit riesigen Wandbildern beliefert, Svoboda, der bedeutende Genremaler und Liebling des kaiserlichen Hofes, Wokalek, der Plastische Anatomie lehrt, Waldbauer, der bereits alle Erzherzöge samt ihren Familien in Lebensgröße porträtiert hat, Prokosch, der gefürchtete Leiter der Aktklasse, und die anderen Granden: von Rossmeisl, Hawelka, Tobolski, Kolinski,

Sabitzer, Cibulski und nicht zuletzt der alte Professor Sedlatschek, Doyen der Bühnenmaler.

Dem Freund, der ihn zur Akademie begleitet hat, hat er geschworen: Sollten diese senilen Trottel wieder nichts begreifen und ihn durchfallen lassen, dann würde etwas ganz Furchtbares geschehen. Dann wäre ihm schon alles gleich, ALLES, verstehst du, schreit er und fängt an, wild zu gestikulieren. Dann würde er aufräumen, ausmerzen, durchgreifen! Oh-ne Gna-de und Barm-her-zig-keit! Alles in Schutt und Asche legen!

Sein Schlafgenosse kennt diese Anfälle, und er weiß, wie er damit umgehen muss. Bloß nicht widersprechen, dann wird er sich schon wieder beruhigen.

Nun wartet der Prüfling seit einer halben Stunde vor der Tür zur Aula, hinter der es verdächtig ruhig ist. Nur ab und zu ein unterdrücktes Schluchzen, gefolgt von einem begütigenden Murmeln.

Dann schwingt die Tür auf.

Eine junge Frau im grauen Malerkittel stürzt heraus, mit geröteten Augen und Haaren, die wirr um ihren Kopf herumstehen, und stolpert die Treppe hinunter.

Eine weniger, denkt er.

Malweiber!

Er hat sie schon immer verachtet.

Wenn er etwas zu sagen hätte ...

Dann tritt er vor den Richtertisch, wo jetzt gleich über sein Leben entschieden wird.

Genau in diesem Augenblick, da er in die Augen dieser Halbgötter sieht, diese Monumente der klassisch-akademischen Malerei, die er selber ja so sehr verehrt, bricht seine Fassade zusammen.

Seine Knie werden weich, er spürt eine Feuchtigkeit am linken Bein entlangrieseln, die Zeichenmappe rutscht ihm aus den Fingern und die Blätter fallen zu Boden. Er bückt sich, kriecht auf den Knien hin und her und sammelt sie mit fliegenden, verschwitzten Händen ein, während die Juroren ihm wortlos, aber mit wachsender Ungeduld zusehen.

Eigentlich sollten sie ja längst im Café Bräunerhof sitzen, bei einem kleinen Gulasch, frisch gemacht, mit Nockerln und einem Iglauer Bier vom Fass. Ihr Hunger macht sie doppelt missmutig. Schließlich hält es den Historienmaler Professor Sabitzer nicht länger.

»Warum sind's denn so nervös? Sie brauchen doch net so nervös zu sein! Man wird Sie schon nicht fressen!«, raunzt er den Prüfling an.

Dann greift der Professor Prokosch ein.

Er sucht den Blick des Saaldieners Joseph und nickt ihm zu. Der führt den Prüfling hinaus vor die Tür und zu den

Toiletten, wo für derartige Zwischenfälle neue Unterwäsche bereitliegt.

Dann kehrt er in die Aula zurück, sammelt die Zeichnungen ein und verteilt sie auf dem Richtertisch.

Die Professoren schieben die Blätter hin und her, ab und zu wird eines herausgegriffen und nahe an die Augen geführt. Der Monumentalmaler Hirschbiegel hat's als Erster gemerkt: »Das sind ja alles Bühnenbilder! Wieso sind denn das alles Bühnenbilder?«

Bühnenausstatter stehen in der kaiserlichen Akademie der bildenden Künste in keinem hohen Ansehen. Eigentlich gehören die ja gar nicht hierher, diese Gebrauchskünstler. Die gehören in die Kunstgewerbeschule. Und so führen sie ein Schattendasein, mit wenigen Studenten, unter der Anleitung des alten Professors Sedlatschek, der schon nicht mehr ganz bei sich ist und der Pensionierung entgegendämmert.

»Wo ist denn überhaupt der Sedlatschek?«, ruft der Schlachtenmaler Ritter von Pröll. »Wo steckt er denn wieder?«

Allgemeine Ratlosigkeit. Keiner hat den Sedlatschek gesehen.

Höchst fatal, die Sache, aber ohne den alten Bühnenmaler ist das Gremium nicht beschlussfähig.

Der alte Joseph wird auf die Suche geschickt, während die

Juroren sich mit knurrenden Mägen in ihre Ateliers zurückziehen.

Professor Sedlatschek, der in letzter Zeit des Öfteren Anzeichen von Geistesabwesenheit gezeigt hat, ist in der Tramway unterwegs. Statt in der Mariahilfer Straße umzusteigen, ist er weiter und immer weiter gefahren. Schließlich wird er im Volkspark, in völliger Verwirrung auf einer Bank sitzend, von einem Wachmann aufgefunden, der ihn erkennt.

Mit einem eilig herbeigerufenen Fiaker wird er im Trab zum Schillerplatz gebracht. Er hastet die Treppe hoch, mit wehender Pelerine und tausend Entschuldigungen stürzt er in den Saal, wohin auch inzwischen die völlig derangierten Kollegen zurückgekehrt sind.

Er geht sofort an die Arbeit und beugt sich, ohne abzulegen, über die Entwürfe. Blatt für Blatt nimmt er in die Hände, und seine Erregung steigt. Kaum in der Mitte des Tisches angelangt, richtet er sich auf, nimmt seinen Zwicker ab und stammelt:

»Meine Herren, wir haben es hier mit einer ganz außerordentlichen Begabung zu tun! Ich würde mich glücklich schätzen, diesen jungen Mann in meine Klasse aufzunehmen.«

Später, als alles vorüber war, hätte keiner der Anwesenden zu sagen gewusst, wer verblüffter war, der Kandidat oder die Prüfer.

Drinnen machen sich die Professoren noch einmal über die Artefakte her.

Ist es der nagende Hunger, oder hat sie die Begeisterung des Kollegen Sedlatschek angesteckt?

Die Stimmung schlägt um.

Noch einmal raffen die alten Herren ihre letzten Kräfte zusammen, gehen am Richtertisch entlang und unterziehen die ausgelegten Entwürfe einer neuerlichen Betrachtung. Da ist schon was dran an dem, was der Kollege Sedlatschek sagt, zum Beispiel dieser Entwurf zum Lohengrin, erster Akt, eine Uferböschung an der Scheldemündung in Brabant.

»Net schlecht, gar net so schlecht, meine Herrn. Da sieht man förmlich den Schwan hereinschwimmen, net wahr?«, findet Professor Svoboda, der Genremaler, und Prokosch, der gefürchtete Leiter der Aktklasse, lobt die effektvolle Kohle-Wischtechnik, weiß gehöht: »Net unbegabt, dös Bürscherl!«

Als schließlich Hirschbiegel, der Monumentalmaler, im Rundhorizont der Meistersingerhalle eine große, ja sogar sehr große Auffassung erkennt, atmen alle erleichtert auf. Zwar ist man sich einig, dass es »für die kaiserliche Hofoper net langen wird, das wird der Gustl Mahler net zulassen«. Aber da gibt es doch in der gesamten Doppelmonarchie an die dreihundert Stadttheater, in Dux, Brüx, Komotau, in Iglau, Graz und

Cernowitz, die brauchen doch alle einen Bühnenmaler, net wahr?

Man schreitet zur Abstimmung.

Der Aspirant wird mit zehn zu zwei Stimmen in die Klasse Bühnenmalerei und Kostümentwürfe aufgenommen. Eine der beiden Neinstimmen hat, aus Versehen, Professor Sedlatschek abgegeben.

Auf ein Probezeichnen in der Klausur wird verzichtet, wegen der Qualität der eingereichten Entwürfe und der günstigen Prognose. Dann wird der Kandidat hereingerufen, die Professoren erheben sich von ihren Sitzen, Ritter von Pröll tritt auf ihn zu, schüttelt ihm die Hand und wünscht ihm »alles Gute und Gottes Segen auf Ihrem weiteren Lebensweg, Herr Hitler«!

Der nimmt Haltung an, schlägt die Hacken zusammen, streicht sich über das kleine Bärtchen unter seiner Nase und macht eine stramme Kehrtwendung.

Der Saaldiener reißt die Tür auf, gemessenen Schrittes geht der frischgebackene Student der kaiserlichen Akademie der Künste die Treppe hinab.

Sein triumphierender Blick geht hinauf zu den Fresken des Anselm Feuerbach.

Unten erwartet ihn der treue Hanisch.

Auf dessen fragende Augen antwortet er nur kurz mit

einem geschnarrten »angenommen natürlich« und lädt ihn mit einer ausholenden Geste ins Café Museum ein.

Auf dem ganzen Hinweg in Richtung Naschmarkt weiht er den fassungslosen Mitstreiter in sein weiteres Vorgehen ein. Acht Semester Studium, ab dem vierten als Meisterschüler, selbstredend. Gleichzeitig Assistent des hinfälligen Sedlatschek, also praktisch völlige Übernahme des Unterrichts.

Nach dem Diplom erstes Engagement, wahrscheinlich im Kurtheater Bad Ischl, dort Erfahrungen sammeln, eine kleine, verschworene Truppe um sich scharen.

In den Jahren darauf geht es dann richtig los: Klagenfurt, Sankt Pölten, Olmütz, Wiener Neustadt. Da rechnet er mit keinem großen Widerstand. Aber dann! Holland! Das Concertgebouw Theater in Amsterdam und gleich darauf, quasi im Handstreich, die Brüsseler Oper!

Dort ein, zwei Spielzeiten verharren, neue Kräfte heranführen, weitere Anhänger um sich scharen. Und dann, ganz plötzlich, wenn keiner mehr damit rechnet, blitzartig durchstoßen: Paris! Opéra Garnier!

Mit atemloser Spannung hat Reinhold Hanisch dem bewunderten Freund Adi zugehört, der immer lauter werdend und gestikulierend einen halben Meter vor ihm hermarschiert.

Schon haben sich immer mehr neugierige Wiener, die immer für einen guten Schmäh zu haben sind, den beiden angeschlossen, drängen jetzt durch die Drehtür ins Innere des Café Museum und besetzen alle leer stehenden Tische. Verschreckt fliehen die jüdischen Schachspieler durch den Küchenausgang ins Freie.

Der junge Hitler schreitet durch die Menge, nach allen Seiten grüßend.

Er erklimmt das Pult der Büfettdame, die samt der Kasse ins Büro retiriert ist. Gefasst schweift der Blick aus seinen stahlblauen Augen über die erhitzte Zuhörerschaft.

Etwas ist in ihm vorgegangen.

Erst ruhig und leise, dann immer lauter werdend, spricht er über sein Programm.

Als er merkt, dass die Menschen im Saal ihm gebannt zuhören, läuft er zu großer Form auf.

Alles Bisherige sei nur ein Vorspiel gewesen. Die wirkliche Aufgabe für einen Bühnenbildner, ruft er, liege in der Weite des Ostens. Dort, und nur dort, gebe es ein Riesenpotenzial von 270 Millionen Menschen, die noch nie von Richard Wagner gehört haben!

Die gelte es zu erobern, koste es, was es wolle! Sankt Petersburg! Moskau! Das Bolschoi-Theater! Aufbrausender Jubel im Saal, während Hitler erschöpft auf seinen Stuhl zurücksinkt, einen tiefen Zug aus dem Pfefferminzteeglas nimmt und zwei Nussbeugln in den Mund schiebt.

Das Hochrufen, Klatschen und Schreien will kein Ende nehmen und wird immer lauter.

Die Situation eskaliert.

In diesem Moment tritt Herr Franz auf, der legendäre Ober des »Museum« seit seiner Gründung. Er baut sich vor dem erhitzten Redner auf, der sogleich zusammenzuckt.

Wie einen Geist sieht er plötzlich seinen Vater vor sich stehen, den Zollbeamten Alois Schicklgruber, einen Schläger, der ihn so manches Mal mit einer schallenden Ohrfeige zur Räson gebracht hat.

Dann hört er, wie die Trompete des Jüngsten Gerichts, die Stimme des Herrn Franz:

»Der Herr will zahlen? Ein Glas Pfefferminz, zwei Beugln, macht eine Krone neunzig! Bitte sehr!«

Wie in Trance greift der zukünftige Weltkünstler in die Manteltasche, findet zwei Kronen, legt sie auf den Marmortisch und murmelt verlegen: »Stimmt so!«

Drüben in der Hofburg empfängt zur gleichen Zeit Kaiser Franz Joseph den Kanzleichef Haslitschek. Viel hat der seinem Chef nicht zu bieten.

In Triest haben sie die Scheiben des Konsulats eingeworfen, in Cernowitz hat sich ein junger Offizier wegen Spielschulden erschossen, und die Tschechen blockieren wieder mal durch tagelanges Reden den Reichstag.

»Was wollens denn, die Tschechen?«, raunzt der alte Kaiser.

»Zweisprachige Straßenschilder wollens halt, Majestät, deutsch und tschechisch in ganz Wien.«

Haslitschek lächelt entschuldigend, als hätte er selber diesen unverschämten Antrag eingebracht.

»Ja, aber warum denn? Ich versteh das nicht. Die reden doch eh alle Deutsch. Sie reden doch auch gut Deutsch, Haslitschek?« Er kann das wirklich nicht verstehen.

»Einfach net amal ignoriern, Majestät«, rät der erfahrene Kanzleichef und rafft die Petitionen zusammen. Er merkt, dass der Kaiser müde wird.

Und wirklich macht der die paar Schritte hinüber zu dem rotledernen Ohrensessel, in dem er seit 59 Jahren seinen Mittagsschlaf hält. Am rechten Ohr, dort, wo er den Kopf anlehnt, ist die rote Farbe verblasst, stattdessen ist dort jetzt ein schwarzer Fleck.

Unendlich zärtlich, mehr schleichend als gehend, entfernt sich Haslitschek durch die Tür.

Während in der Hofburg der alte Mann in einen traumlosen Schlaf versinkt, marschieren die beiden jungen Männer im Gleichschritt der untergehenden Sonne entgegen.

Es ist ein langer Weg zurück ins Männerheim in der Brigittenau.

Lang wird auch der Weg zum größten Bühnenkünstler aller Zeiten sein, das weiß er, aber er wird ihn gehen, auch wenn alles in Scherben fällt.

NIKI DE SAINT PHALLE

An einem Abend im April 1968 saß ich am Zeichentisch, als meine Vermieterin einen Besucher anmeldete. Er warte seit einer halben Stunde in der Wohnküche und habe sich durch nichts abwimmeln lassen.

Frau Esch wusste, wie wenig ich unangemeldete Besucher schätze, die meinen Arbeitsfrieden stören, besonders die in den Nachtstunden. Als sie mir seinen Namen nannte, drehten sich meine Augen gequält zum Himmel.

Alfred Dingler, Ex-Kommilitone an der Frankfurter Kunstakademie, Dauerredner, unermüdlicher Projektemacher, Adorno-Schüler, Cheferotiker, Szenen-Flaneur, klandestiner Maoist, rücksichtsloser Zeitfresser und Freund. Ich hatte ihn seit Längerem, nicht ohne mein Zutun, aus den Augen verloren. Fluchend legte ich mein Werkzeug beiseite.

Als er dann in der Tür stand, mit unsicheren Schritten hereinkam und in den Besucherstuhl sank, war er kaum wiederzuerkennen.

Dieser einst so kraftvolle, lebenspralle Mensch, der jeden Raum veränderte, den er betrat, war zu einem Häufchen Elend geschrumpft.

Kaum saß er, sprang er wieder auf.

Ob ich die Tür verriegeln könne?

Er sei auf der Flucht, stammelte er, ich sei der Einzige, der ihm helfen könne, alle anderen Adressen seien »verbrannt«.

Es sei nur für diese Nacht.

Der Mann war wirklich in Panik, das war ernst zu nehmen. Ich gab ihm mein Wort, dass er hier sicher sei wie in Abrahams Schoß. Alle Eingänge des Hauses würden ab 22 Uhr automatisch versperrt.

Langsam verschwand der gehetzte Blick aus den Augen meines Besuchers. Es seien nicht die Bullen, sagte er, die hinter ihm her wären. Mit der RAF habe er doch nie was am Hut gehabt (eine Lüge).

Es sei alles viel schlimmer, eine Frage auf Leben und Tod.

Nun wusste ich endgültig, dass ich diese Arbeitsnacht abschreiben konnte. Seufzend bat ich meinen alten Kommilitonen, mir alles von Anfang an zu erzählen.

Was Alfred Dingler mir dann in den nächsten Stunden erst stockend, dann immer aufgeregter berichtete, übertraf bei Weitem alles, was dieser genialische Herumtreiber mir je geboten hatte.

Nun erfuhr ich, dass er vor einem Jahr in seinem verbeulten Ford-Transit-Bus mit sechs Studenten aus seiner Malklasse eine Studienreise nach Stockholm unternommen hatte. Dort im renommierten »Moderna Museet« lief gerade eine Ausstellung der berühmten Pop-Artistin Niki de Saint Phalle, die es in sich hatte.

Glanzpunkt dieser Retrospektive war eine riesenhafte, 28 Meter lange, nackte, bunt bemalte Frauenfigur aus Polyester mit geöffneten Schenkeln, durch deren ebenfalls geöffnete Vulva man das Innere der Plastik betreten konnte.

Ich kannte das Foto aus den Feuilletons. Es war wirklich erstaunlich zu sehen, wie die Ausstellungsbesucher bedenkenlos von dieser Möglichkeit Gebrauch machten. Ganze Familien mit ihren Kindern, auch seriöse ältere Damen und Herren gingen ein und aus.

Im Innern gab es ein kleines Kino, in dem ein Greta-Garbo-Film lief, und eine Bar, und im rechten Arm war ein gepolsterter Liebesraum eingerichtet.

Auch Alfred, mein umtriebiger Kommilitone, hatte sich diese Sensation nicht entgehen lassen.

Offenbar hatte es ihm im Innern dieser »NANA« dann so gut gefallen, dass er sich nach dem Ausstellungsende im Museum einschließen ließ. Die Wärter hatten alle Lampen gelöscht, auch die im Innern des Riesenweibes.

Als Alfred dort auf einem Barhocker Platz nahm, war es stockdunkel und vollkommen still. Nach einer Weile merkte er, dass er nicht allein war. Ein leichter Schweißgeruch wehte zu ihm herüber, vermischt mit Deodorant, und jemand atmete.

Alfred tastete im Dunkeln nach der Sodawasserflasche, die, an das erinnerte er sich, auf der Theke stand, und nahm einen langen Schluck. Erfreut und überrascht stellte er fest, dass das Mineralwasser durch Gilbey's Dry Gin ersetzt worden war.

In diesem Moment nahm er wahr, dass jemand auf den Barhocker neben ihm rutschte.

Eine große, weiche Frauenhand legte sich auf seinen rechten Oberschenkel, blieb dort liegen und massierte ihn sanft, aber nachdrücklich.

»Als dieses Weib sich dann auch noch an mich schmiegte und anfing, mich mit emsigen Fingern zu entkleiden, war mir klar, dass es die eindeutige Absicht verfolgte, mich flachzulegen«, berichtete Alfred.

Er sei wie versteinert gewesen, behauptete er, als er mir diese Szene schilderte. Ihm sei doch immer wichtig gewesen, dass er derjenige war, der flachlegte, und nicht umgekehrt.

»Außerdem, du kennst mein Beuteschema, hatte ich nie was mit übergewichtigen Frauen im Sinne, im Gegenteil!

Aber da war nun dieses Riesenbaby, und damit änderte sich alles mit einem Schlag. Diese Frau war ein Naturereignis, das meine Präferenz für kleine, schlanke Weiber einfach wegfegte! Auf einmal wusste ich, was mir da bisher entgangen war! Ein großer Verlust, mein Lieber! Hier war alles bettende Weichheit und Wärme und von einer gewaltigen libidinösen Präsenz.«

Dann beugte sich Alfred zu mir herüber und flüsterte verschwörerisch, ohne meine abwehrenden Gesten zu beachten: »Du, die hat kein Kissen unterm Hintern gebraucht, das kannst du mir glauben!«

Und das alles habe wahrscheinlich deshalb so besonders intensiv gewirkt, da es in völliger Stille, ohne ein Wort zu sagen, und in totaler Finsternis vonstattenging.

»Erst als nach geschätzten zwei Stunden wir, du verstehst, uns dem gemeinsamen Höhepunkt näherten, hat meine Partnerin Laute von sich gegeben, die ich bisher nur von den kleinen gelben Quietsch-Entchen mit dem roten Schnabel in meiner Badewanne gekannt habe. Diese in immer schnellerer Folge ausgestoßenen Quietschlaute irritierten mich und ließen den Zweifel zu, dass ich es hier vielleicht doch mit einer Riesenpuppe trieb, einer NANA, und nicht mit einem menschlichen Wesen.

Dann war es vorbei und ich war wieder allein. Ich hatte

nicht einmal gemerkt, dass meine Partnerin, wer oder was sie auch immer war, mich verlassen hatte. Als ich am nächsten Morgen aufwachte, war ich so platt, als hätte mich eine Dampfwalze überfahren. Nur meine über den ganzen Boden verteilten, ziemlich versauten Kleidungsstücke erinnerten mich daran, dass IRGENDETWAS passiert war.«

Draußen klirrten die Wachmänner mit den Schlüsselbünden und die Putzfrauen machten sich schwatzend ans Werk. Keiner kümmerte sich um Alfred, der sich hastig ankleidete und floh.

Eine Stunde später befand sich der verbeulte blaue Bus mitsamt den sieben Städelschülern in voller Fahrt nach Frankfurt.

Alfred hatte das Steuer seinem Kommilitonen Klaus Hock überlassen müssen. Er selbst verbrachte die dreißigstündige Rückfahrt auf der Rückbank liegend im Tiefschlaf. Nur ab und zu, erzählte man ihm später, habe er um sich geschlagen und kurze Schreie ausgestoßen, sei aber gleich wieder in sein bekanntes ohrenbetäubendes Schnarchen verfallen. Nicht einmal das Gerumpel bei der Auffahrt zur Fähre in Trelleborg habe ihn wecken können.

Eine Woche später bekam Alfred Post. Der Brief, in ungelenken Druckbuchstaben verfasst, kam von einer Person, die sichtlich weder der deutschen Sprache noch des Schreibens kundig war und das Elaborat offenbar mit fremder Hilfe zustande gebracht hatte.

Ob er sich an sein charmantes Stockholmer Abenteuer erinnere, las der entsetzte Alfred. Sie käme an diesem Samstag auf dem Rhein-Main-Flughafen an und habe dann bis zum Weiterflug eine Stunde Zeit. Unterschrift: Deine kleine NANA.

Da sei es ihm wie Schuppen von den Augen gefallen, sagte Alfred. Dieses Biest habe ihm im Liebesrausch seinen Studienausweis geklaut! Ein klassischer Fall von Beischlafdiebstahl!

Nun hatte sie alles, was sie brauchte: Die Wohnadresse, den Namen, die Telefonnummer, und sie wusste jetzt auch, wie er aussah.

Am Samstagvormittag, zur angegebenen Stunde, stand Alfred mit zwei Dutzend erwartungsvollen Menschen an der Arrivée-Tür des Flugsteigs Nr. 18.

An die hundert Passagiere kamen, einzeln oder in Gruppen, durch die Glastür. Afrikanische Potentaten in prächtigen Gewändern, smarte koreanische Geschäftsleute mit kleinen Aktenkoffern und weißhäutige Familien in Ferienkleidung mit Sportgeräten. Als eine der Letzten tauchte eine unförmig dicke Person in schreiend bunten Kleidern auf, eine bizarre Erscheinung. Nun wusste auch Alfred, wie sein »Stockholmer Abenteuer« wirklich aussah.

Im gleichen Moment erkannte die ihren nächtlichen Liebhaber und winkte ihm aufgeregt zu.

Nun musste alles ganz schnell gehen. In weiten Sprüngen, wie eine Gazelle auf der Flucht, rast Freund Alfred durch die Ankunftshalle zum Taxistand, reißt eine einsteigende Dame von der Tür weg, wedelt dem Fahrer mit einem Fünfziger vor der Nase herum und schreit ihm die Adresse zu: Nordend, Günthersburgallee.

Der Fahrer begreift sofort, prescht mit quietschenden Reifen zur Ausfahrt, schleudert durch die Kurve, fängt sich wieder und ist auch schon mit Vollgas auf der Flughafenstraße, rast mit unvermindertem Tempo weiter über die Kennedyallee und den Alleenring und tritt 19 Minuten später vor der Nr. 73 auf die Bremse.

Alfred schreit ihm zu, den Motor laufen zu lassen, und springt, immer mehrere Stufen nehmend, die Treppe zum 5. Stockwerk hoch. Mit fliegenden Fingern öffnet er die Flurtür, ruft der erschreckt barfüßig und im Morgenrock auftauchenden Aktuellen Beziehung zu, er werde später alles erklären, stürzt in sein Zimmer, reißt seine lederne Reisetasche mit den angeberischen Hotelaufklebern aus dem Schrank, wirft etwas Wäsche und ein angefangenes Manuskript hinein und ist auch schon wieder in halsbrecherischem Tempo auf dem Weg nach unten.

Er springt in das Taxi, schreit: »Zur Autobahnauffahrt Richtung Aschaffenburg!«, und ab geht die Post.

Jetzt wird es spannend. Auf dem Alleenring, nach zwei überfahrenen Ampeln, rasen sie mit hohem Tempo an einem Taxi vorbei, das in Gegenrichtung zum Nordend unterwegs ist. Hinter der Scheibe taucht für eine Sekunde das triumphierende Gesicht von NANA auf, die die ganze Rückbank ausfüllt.

Jetzt erkennt Alfred, dass er den Gedanken an eine Rückkehr in seine bürgerliche Existenz aufgeben muss.

Es beginnt eine Flucht, die ihn, mit NANA auf den Fersen, durch halb Europa führt.

Einmal, am Strand von Portofino, wo er sich mit seiner aus Frankfurt angereisten Aktuellen Beziehung erholen will, lagert NANA in Sichtweite, rekelt sich auf dem Badetuch und winkt ihm fröhlich zu. Sie wirkt, als sei sie ihrer Sache vollkommen sicher.

Die inzwischen noch fettere und monströsere Person scheint immer zu wissen, wo sich ihr unglücklicher Liebhaber gerade aufhält, auch wenn der die Anmeldezettel in Hotels, Pensionen und Nachtasylen längst nicht mehr ausfüllt.

Und immer wieder erreichen ihn die kleinen Liebesbriefe auf violettem Papier, illustriert mit beigelegten Aktfotos in verlockenden Posen von atemberaubender Obszönität mit farbigen Tattoos am ganzen Körper.

Zurück in Frankfurt, findet Alfred Dingler eine Einladung von Helmut Qualtinger vor, nach Wien zu kommen. Der Kabarettist interessiert sich für Alfreds Geschichte und will sie in sein neues Programm »Brettl vorm Kopf« einbauen. Mit dieser Nobilitierung im Rücken wird Freund Dingler bei seiner Ankunft am Wiener Westbahnhof begeistert empfangen und in der Szene herumgereicht.

Sein erstes Versteck ist die prächtige Klimt-Villa in Hietzing. Als NANA dort mitten in der Nacht gespenstergleich im Garten auftaucht, wird er eiligst in die Villa von Manfred Deix am Rande des Wienerwaldes übersiedelt, wo er eine schlaflose Nacht mit 120 Katzen verbringt. Um fünf Uhr morgens steuert ihn Frau Marietta im Jaguar in halsbrecherischer Fahrt durch das schlafende Wien an den Neusiedlersee, der so flach ist, dass Alfred, bis zur Brust im Wasser, zu einem Segelboot waten kann, das dort ankert und einer berühmten Burgschauspielerin gehört.

Als später die ersten Badegäste auftauchen, schwimmt mitten unter ihnen NANA. Sie sieht aus, als sei sie eines dieser aufblasbaren Gummitiere, auf denen die kleinen Kinder herumklettern.

Alfreds Begeisterung über die rührende Wiener Gastfreundschaft ist inzwischen einer tiefen Depression gewichen.

Wieder in der Stadt, bei einem Treffen an Helmut

Qualtingers Stammtisch im Hinterzimmer der Delikatessen-
handlung »Gutruf« an der Peterskirche, gibt ihm der Playboy-
Cartoonist Erich Sokol den Tipp, im Vorraum des Pissoirs
gleich um die Ecke, am Graben, unter der Pestsäule abzutau-
chen und da für eine Weile zu bleiben: »Das ist der einzige
Ort in Wien, wo du noch sicher bist!«

Freund Alfred folgt dem Rat, und es funktioniert.

Dieser bestialisch stinkende unterirdische Raum, in dem
ständig eine Anzahl von Obdachlosen lagert, erweist sich als
eine unüberwindliche Barriere für NANA. Sie verliert buchstäblich die Witterung.

Nach neun Monaten in diesem Nachtasyl ist Alfred nicht
wiederzuerkennen. Er ist stark abgemagert, trägt einen verfilz-
ten Bart, der bis zum Gürtel reicht, und verbreitet einen inten-
siven Uringeruch um sich.

In der Frankfurter Szene war er für seine italienischen
Jacketts und die langen blonden Haare bekannt, die er jeden
Tag shamponierte. Hier machten die Flaneure am eleganten
Graben angewidert einen großen Bogen um ihn.

Nun will er es wissen.

Nach einer stundenlangen heißen Dusche in einer öffent-
lichen Badeanstalt fährt er, von seinen Freunden neu eingekleidet, zum Flughafen Schwechat.

Er checkt mit einem gefälschten Pass unter dem Namen

Demir Ahdabey ein und fliegt mit Turkish Airways in der Business Class nach Frankfurt.

Alles vergebens.

Auch der aufgezwirbelte Türkenbart kann ihn nicht retten.

In der Ankunftshalle, am Gate 22, steht hinter der Glastüre NANA und winkt ihm aufmunternd zu.

Jetzt ist Alfred in heller Panik.

Alle seine Frankfurter Unterschlüpfe sind NANA bekannt.

Alle, bis auf diesen hier, schließt Alfred seinen Bericht, und da sei er nun.

Es ist inzwischen vier Uhr morgens. Draußen, auf den Bäumen der Günthersburgallee fangen die Vögel zu zwitschern an.

Ich stehe auf, recke und strecke mich, gehe ans Fenster und schiebe die Vorhänge zur Seite.

Auf der anderen Straßenseite wartet NANA.

Neben ihr steht ein Kleinkind, genauso dick und bunt wie seine Mutter. Es hält ein Schild hoch. Darauf steht, in der bekannten krakeligen Druckschrift: »Hallo Papi!«

In diesem Moment ist Alfred unbemerkt hinter mich getreten. Er stößt einen tierischen Schrei aus, und dann tut er etwas, das mich wirklich sprachlos macht.

Er schießt durchs Zimmer, reißt die Türen zu meinem alten Bauernschrank auf, die mit den Figuren des heiligen

Florian und der heiligen Barbara bemalt sind, springt wimmernd wie ein kleines Kind hinein und ringelt sich dort auf dem Boden zusammen wie ein Embryo.

So verbringt er den Rest der Nacht.

Am anderen Morgen ist der Schrank leer.

Auch NANA hat ihren Platz geräumt.

Inzwischen ist viel Zeit verflossen, und ich habe nicht die geringste Ahnung, was aus Alfred geworden ist. Wenn er noch lebt, müsste er jetzt weit über neunzig Jahre alt sein und sein langes Haar wäre schlohweiß.

Ehrlich gesagt, will ich es auch gar nicht wissen. Ich meine, solche Eskapaden sind ja eine Zeit lang ganz amüsant, und es trifft sicher auch zu, dass wir alle von solchem Stoff leben.

Aber irgendwann reicht es dann auch. Dann will man an seinen Zeichentisch zurückkehren, ans WERK.

Nur manchmal noch, wenn der Morgen graut und die Gespenster der Nacht mich einholen, wälze ich mich aus den Federn, tapere zur Tür, lege die Schließkette vor, schlucke zwei von diesen segensreichen blauen Pillen, stopfe mir Ohropax in die Ohren und verbringe den Rest der Nacht in den dunklen Tiefen des Bauernschranks mit den Heiligenbildern auf der Tür.

MONDRIAN

Bis zum heutigen Tag erzählen die alten Krabbenfischer rund um die Zuidersee die Geschichte von
Claas, dem Windmüller, und seinen drei Söhnen.

Da sitzen sie in ihren blauen Pluderhosen vor den winzigen Fischerhäuschen, schauen auf die endlosen Tulpenfelder,
die schnurgeraden Kanäle und die Priele, auf den niedrigen
Horizont und den hohen Himmel darüber.

Sie ziehen an ihren langen weißen Meerschaumpfeifen,
spucken auf den Boden und erzählen jedem, den es in diese
gottverlassene Gegend verschlägt, die wahre Geschichte vom
alten Claas, von Meisje, seiner Frau, und von den Söhnen
Kees, Frans und Piet.

Und von Grietje, der guten Fee, die wohl damals ziemli-
chen Mist gebaut hat, und wie dann doch noch alles gut aus-
ging, vor allem für Piet, der eigentlich nach seinem Vater Piet
van der Meulen hieß, sich aber, als er berühmt wurde, den
Künstlernamen Piet Mondrian zulegte.

Dann nehmen die alten Fahrensleute einen langen Schluck aus der Geneverflasche, die immer in Griffweite sein muss, spucken scharf neben ihre gelben Holzschuhe auf den Boden und schauen mit ihren wasserhellen Friesenaugen über die topfebenen Tulpenfelder, den flachen Horizont und den endlos weiten Himmel darüber.

Und das ist ihre Geschichte.

Als Meisje, die Frau des alten Windmüllers, während einer tosenden Sturmflut niederkam, gebar sie, die auch nicht mehr die Jüngste war, zur großen Verwunderung aller Beteiligten, Drillinge.

Da nun aber die drei Neuankömmlinge gar so winzig waren und krebsrot und winselnd mit ihren Ärmchen ruderten, und weil die Familie des Windmüllers einer besonders strengen calvinistischen Sekte angehörte, wurde eilends der Deichpastor herbeigerufen, der denn auch alsbald triefnass in Gummistiefeln, den Südwester auf dem Kopf, am Bett der Wöchnerin stand und die drei greinenden Säuglinge taufte.

Nun hießen sie Kees, Frans und Piet und wurden der erschöpften, aber glücklichen Meisje abwechselnd an die vollen Brüste gelegt.

Nachdem wieder Ruhe in der Mühle eingekehrt war, verließ die immer noch fassungslose Hebamme die Stube. Nur der alte Claas blieb und bewachte den Schlaf seiner Enkel, und die Mäuse huschten geschäftig hin und her und knabberten an den Kornsäcken.

Aber dann, Schlag zwölf Uhr Mitternacht, sprang die Tür auf, und mit einem Schwall von Salzwasser schwebte eine Frauensperson herein, in der die Müllerin sofort die gute Fee erkannte.

Nun darf man sich eine friesische Fee nicht wie eines dieser blassen, blutleeren Geschöpfe vorstellen, die man von den Bildern Botticellis oder Fra Angelicos her kennt.

Diese Himmelsbotin war eine prächtige Erscheinung aus dem Geiste des Peter Paul Rubens, mit Brüsten groß und schwer wie Melonen und dem mächtigen Hinterteil eines friesischen Kaltblüters, jener imposanten Ackergäule, die hoch beladene Lastkähne auf den Treidelpfaden längs der schnurgeraden Grachten und Kanäle ziehen.

Auch die Beine der Fee glichen stämmigen Säulen, und das mussten sie auch, denn sie hatten ein beträchtliches Gewicht zu tragen. Ihre Haut war rosig und gut durchblutet, die Augen blitzten himmelblau, und ihr ährengoldenes Haar fiel in reichen Strähnen bis hinab auf das besagte Hinterteil.

Leider hatte diese stattliche Erscheinung, so vertrauenerweckend auch ihr Äußeres war, einen Defekt, der sie eigentlich für ihren Auftrag völlig ungeeignet machte. Sie war strohdumm und sie konnte sich keine Namen merken. Obwohl stets eifrig und gutwillig, hinterließ sie, wo immer sie auftrat, ein heilloses Chaos.

Nun trat sie an das Bett der schlafenden Wöchnerin, zupfte die Rüschen ihres durchsichtigen Feenkleides zurecht, dachte kurz nach, wobei sie ihren Zeigefinger an die Nasenspitze legte und zur Decke sah, nickte dann, räusperte sich und begann ihr Segenswerk.

Sie berührte mit ihrem elfenbeinernen Zauberstäbchen den Scheitel des Erstgeborenen und sprach mit hohem, feenhaftem Stimmchen den ersten Segen:

»Du, kleiner Kees, wirst dereinst der größte Sportsmann der Welt sein, nämlich ein Pfahlsitzer, der länger als alle anderen Pfahlsitzer des Königreichs der Vereinigten Niederlande, nämlich 199 Tage lang auf einem zweieinhalb Meter hohen Pfahl im Wattenmeer sitzen wird. Alle Männer werden dich beneiden und alle Jungfrauen rings um die Zuidersee werden dir zu Willen sein.«

Dann trippelte die Fee hinüber zum Zweitgeborenen, oder jedenfalls zu dem, den sie dafür hielt. Sie dachte kurz nach, memorierte den Text mit lautlos bewegten Lippen, nickte bestätigend, berührte seinen Scheitel und sprach:

»Du, kleiner Frans, wirst der größte aller Kanalspringer sein, dieses altehrwürdigen Sports unserer Ahnen, den wir auch ›FIERLJEPPEN‹ nennen. Die Königin wird sich in ihren Palast einladen, ich meine natürlich dich«, verhaspelte sich die Fee, fing sich aber gleich wieder und fuhr fort: »wird also dich in ihren Palast einladen, und alle Prinzessinnen und Hofdamen werden dir zu Willen sein.«

Schließlich trippelte die gute Fee wieder auf die andere Seite des Bettes und wandte sich dem letztgeborenen und schwächlichsten Säugling zu, der aufgewacht war und zu quäken anfing.

Sie dachte nun schon etwas länger nach, memorierte ihren Spruch, schüttelte den Kopf, verbesserte sich, räusperte sich mehrmals, berührte erst ihren, dann seinen Scheitel mit dem Zauberstab und sprach:

»In deinem Fall, kleiner Piet, kann ich mich kurzfassen. Du wirst ganz einfach der größte holländische Maler seit Rembrandt sein. Nicht einmal die Königin wird reich genug sein, eins von deinen Bildern zu kaufen, denn sie werden auf Auktionen riesige Preise erzielen.«

An dieser Stelle sah die Fee noch einmal kurz auf den Spickzettel, den sie in ihrem linken Ärmel verborgen hatte, und ergänzte befriedigt: »Ja, genau. 44,5 Millionen Dollar, ohne Courtage!«

In der Ecke saß im Dämmerlicht der alte Claas und schrieb eifrig mit.

Als die gute Fee ihren Auftrag erledigt hatte, schwebte sie

zur Tür, machte aber plötzlich kehrt, schlug sich mit der flachen Hand an die Stirn und rief: »Oh, ich Dummi, Dummi, Dummi! Jetzt hätte ich doch beinahe das Wichtigste vergessen!«

Sie fasste in ihren rechten Ärmel, holte ein mit hundert kleinen Muscheln verziertes und mit einem goldenen Vorhangschlösschen gesichertes Kästchen hervor, überreichte es dem alten Claas, der ehrfürchtig vor der Himmelsbotin niedergekniet war, und sprach:

»Das ist für Piet. Er soll es an seinem 33. Geburtstag öffnen. Aber keinen Tag früher, hörst du?«

Dann kicherte sie, nickte nochmals zufrieden, hob ab und flog in einer eleganten Kurve durch die geschlossene Tür hinaus.

Feen können das.

Die Frau des Windmüllers hatte die ganze Zeremonie im Halbschlaf verdöst. Jetzt schreckte sie kurz auf, drehte sich aber gleich wieder auf die andere Seite, pupte und schlief weiter.

Die drei Müllerssöhne wuchsen heran und wurden von ihren tiefgläubigen Eltern im Vertrauen auf die Weissagung der guten Fee treulich erzogen.

Bei einem Wattspaziergang kam der alte Claas, der seinen Erstgeborenen auf den Schultern trug, an einem Pfahlsitzer vorbei, der dort für den Pokal der Landesmeister trainierte. Da streckte der kleine Kees seine Ärmchen aus, verlangte lautstark: »Kees auch sitzen!«, und gab nicht eher Ruhe, als bis der alte Claas versprach, ihm einen kleinen Pfahl mit einem Sitzbrettchen und einem Fußstützchen zu bauen, sobald sie wieder zu Hause in der Mühle wären.

Und so geschah es auch.

Der kleine Kees übte nun Tag für Tag, ohne jemals dazu angehalten zu werden. Mit achtzehn Jahren wurde er Landesmeister und schließlich Weltmeister, den die Königin in ihren Palast einlud und mit ihm und ihren Ministern von silbernen Tellerchen speiste. Mit den Jungfrauen rund um die Zuidersee, die mit ihren Kähnen zu Kees hingerudert waren und ihn anhimmelten, hatte er im Lauf der Jahre auf seinem Hochsitz zweiundzwanzig Kinder gezeugt, bevor er in einer lauen Sommernacht, angefüllt bis oben hin mit altem Genever, abgestürzt und bei auflaufender Flut ertrunken war.

Damit hatte er die Weissagung erfüllt, zum Trost und zur Befriedigung seiner trauernden Eltern.

Das Leben seiner beiden Brüder verlief nicht so geradlinig. Ihre ersten zwei Lebensjahre gingen ohne berichtenswerte Ereignisse dahin. Aber dann tauchte wie aus dem Nichts der Verdacht auf, dass mit den Prophezeiungen etwas nicht stimmen könne.

Während nämlich Kees, der Älteste der Drillinge, schon im Säuglingsalter ein gottbegnadeter Pfahlsitzer war, erwies sich sein Bruder Frans als unfähig, auch nur den kleinsten Siel mit seiner Sprungstange zu überwinden.

Immer wieder plumpste er ins Wasser oder nahm einen zu zaghaften Anlauf und blieb am Scheitelpunkt mit seinem Sprungstab im Watt stecken, klammerte sich oben fest, schrie um Hilfe und musste von seinem Vater mit dem Kahn aus seiner misslichen Lage befreit werden.

Die Dorfjungen johlten, wenn Frans mit finsterer Miene, triefend nass und schlammbesudelt, in seinem Kinderzimmer verschwand.

Dort sperrte er sich ein und zeichnete.

Blatt um Blatt füllte er, und sein Stift lief, als sei er von einer höheren Macht gelenkt, ohne zu stocken über das Papier. Bald waren die Wände seines Zimmers mit Windmühlen an Kanälen, Fischern in Pluderhosen, Stillleben mit roten Tulpen und Landschaften mit niedrigen Horizonten bedeckt, alles mit schlafwandlerischer Sicherheit nach dem Gedächtnis gezeichnet und koloriert.

Als ihn eines Tages der Deichpastor dort besuchte, erkannte der gleich die Anwesenheit des HErrn und riet dem alten Claas, das offensichtlich gottbegnadete Kind in eine Malschule zu geben, je früher, desto besser.

Diese gut gemeinte Empfehlung kam beim alten Claas übel an.

So einen Rat habe er von einem Diener des HErrn – sein Name sei gelobt in alle Ewigkeit – nicht erwartet, blaffte er den Seelenhirten an. Er, Claas, sei doch selber Zeuge gewesen, wie der Engel des HErrn … hier musste er kurz innehalten, da der Deichpastor erregt aufgesprungen war und mit hoch erhobenem Zeigefinger: »Fee, Fee! Nicht Engel!« dazwischengerufen hatte. Er fuhr aber gleich darauf unbeirrt fort: … als der Engel des HErrn in dieser Stube, wo sie jetzt sitzen, den Frans, seinen Zweitgeborenen, gesegnet und ihm prophezeit, also praktisch den GÖttlichen Auftrag erteilt habe, der berühmteste aller Kanalspringer beziehungsweise Pultstockhopper beziehungsweise Fierljepper zu werden.

»Fierljepper! Und nicht Künstler!«, brüllte der Windmüller und schlug mit der Faust auf den Tisch. »Und dabei bleibt es! Alles andere ist Ungehorsam, Auflehnung und Gotteslästerung!«

Damit schritt der alte Claas zur Tür, riss sie weit auf und sagte kalt: »Wenn Sie noch was Wichtiges zu tun haben, dann will ich Sie nicht länger aufhalten, Herr Pastor!«

Da musste der Seelenhirt einsehen, dass er in dieser theologischen Disputation unterlegen war. Maulend machte er sich auf den Heimweg durch die Dünen.

Der alte Claas stapfte die Treppe hoch zum Kinderzimmer, riss all die hochbegabten Buntstiftzeichnungen und Aquarelle von Tulpenfeldern, Windmühlen und hohen Himmeln, von Männern in Pluderhosen und jungen Frauen mit gestärkten weißen Kopfhauben von den Wänden und trampelte darauf herum.

Dann zerbrach er alle Stifte und Pinsel und warf die Farbnäpfchen im hohen Bogen durch die geschlossenen Fenster in den vorbeifließenden Kanal, wo sie auch alsbald, sich in traumhaft schöne Farbwolken auflösend und dabei den bunten Tulpenfeldern Konkurrenz machend, in Richtung auf das offene Meer davonschwammen.

Und bei all dem Wüten war der alte Windmüller davon überzeugt, den Willen des HErrn vollstreckt zu haben. So vergingen die Jahre.

Die drei Müllerssöhne wuchsen heran zu prächtigen, stämmigen und unglücklichen jungen Männern. Letzteres galt allerdings nicht für Kees, den Erstgeborenen, der, wie wir bereits wissen, schon im Säuglingsalter eine glanzvolle Karriere als Pfahlsitzer begonnen und als solcher hochgeehrt beendet hatte.

Frans dagegen, dem die gute Fee eine große Zukunft als Kanalspringer geweissagt hatte, war in Tat und Wahrheit ein totaler Versager.

Auch die ältesten Krabbenfischer konnten sich an keinen derart katastrophalen Sportsmann erinnern.

In einem Alter, da die meisten Springer rings um die Zuidersee ans Aufhören dachten, saß Frans immer noch bei fast allen Wettspielen, an denen sein Dorfklub teilnahm, auf der Auswechselbank. Sein Trainer setzte ihn, zähneknirschend, nur ein, wenn wirklich alle Ersatzspringer erkältet oder sturzbetrunken das Bett hüten mussten.

Nie war er mit seinem Sprungstab, der auf zwanzig Meter ausgelegt war, weiter als fünf Meter gesprungen. Fünf Meter, das war eine Weite, die von den jungen Nachwuchsspringerinnen erreicht wurde, ohne dass sie ihre gestärkten weißen Kopfhauben und Schürzen ablegten. Kein Wunder, dass die Königin gar nicht daran dachte, diesen blonden Tölpel in ihren Palast einzuladen, um mit ihm von silbernen Tellerchen zu essen, und keine Prinzessin oder Hofdame ihm zu Willen sein mochte.

Kurz vor dem letzten Sprungtag der Herbstsaison hatte der Coach der »Moelendamer Jeppers« erklärt, er habe nun genug. Sollte Frans van der Meulen in der nächsten Saison wieder aufgestellt werden, müssten sie sich einen anderen Trainer suchen.

Da sich aber keiner fand, der bereit war, diese hoffnungslose Truppe zu übernehmen, versprach der Vorstand einstimmig, dass dies der letzte Auftritt des Totalversagers Frans sei, und der Trainer setzte sich mit verbissener Miene auf die Bank.

Dieses letzte Kanalspringen des Jahres ging in die Annalen der niederländischen Sportgeschichte ein.

Als die »Moelendamer Jeppers« im letzten Durchgang gegen die »Amersfoorder Pinguins« so weit zurücklagen, dass sie rechnerisch bereits in die 6. Liga abgestiegen waren, schickte der frustrierte Trainer Frans auf die Anlaufstrecke.

Ein Wunder geschah.

Schon als er mit ungeheurer Beschleunigung mit seinem hoch erhobenen Achtmeterstab über die Bahn fegte, unter einem ohrenbetäubenden Aufschrei der Zuschauer höher und höher in den Himmel stieg, auf dem Scheitelpunkt hoch über ihnen kurz verharrte und dann in einem herrlich weiten Bogen über den Kanal in einem Tulpenfeld auf die Erde zurückkehrte, ahnten alle, die dabei waren, dass sie einen Jahrhundertsprung gesehen hatten.

Und das stimmte ja auch.

Für die »Moelendamer Jeppers« bedeutete es den Klassenerhalt, aber für den alten Claas war es das Ende. Er starb in freudiger Erregung an einem Herzanfall und in der Gewissheit, schon immer recht gehabt zu haben. Und das ist, wenn man es bedenkt, mehr, als den meisten von uns vergönnt ist.

Die guten Leute von Moelendam konnten ja nicht wissen, dass sie einem faustdicken Betrug aufgesessen waren.

Gesprungen war nämlich nicht der Versager Frans, sondern Piet, der begnadetste aller Kanalspringer, war im Wortsinne für ihn eingesprungen, um seinen Dorfklub, die »Moelendamer Jeppers«, vor dem Abstieg in die Bedeutungslosigkeit zu bewahren.

»Es war eine Frage der Ehre!«, grummeln die alten Männer in den blauen Pluderhosen, spucken in den Sand und genehmigen sich noch einen Schluck.

»Und keiner hat's gemerkt! Kein Einziger!«, krächzen sie und schütteln sich vor Lachen.

»Konnte ja auch keiner merken! Sahen sich doch ähnlich wie eine verdammte Krabbe der andern, die Drillinge!«

Das stimmte, und es stimmte auch wieder nicht. Auch wenn alle braven Bürger von Moelendam auf den Schwindel hereinfielen, das Auge einer Mutter ließ sich nicht täuschen.

Sie hatte wohl erkannt, wer da in hohem Bogen über sie geflogen war, und die Sünde des Betrugs lastete schwer auf der Seele der tiefgläubigen Witwe. Schwarz gekleidet und tief verschleiert besuchte sie ihren Seelenfreund in der Dünenpastorei. Für das, was dort ausgekungelt wurde, gibt es keinen Zeugen.

Jedenfalls verkündete der fromme Hirte am nächsten

Sonntag in der winzigen, aber voll besetzten Kirche von der Kanzel herab, die mit einem Anker und einem Steuerrad geschmückt und von einem Vorschotsegel überdacht war, Frans, der heldenhafte Kanalspringer, der mit Gottes Hilfe die Ehre von Moelendam gerettet hatte, werde damit seine ruhmreiche Sportlerlaufbahn beenden.

Alles andere hieße Gott versuchen. Frans habe daher beschlossen, das Erbe seines Vaters, er ruhe in Frieden, anzutreten und sein künftiges Leben in der Mühle mit Ora und Labora zu verbringen.

Zur Beisetzung des alten Claas auf dem winzigen Dünenkirchhof kamen alle, die um das Ijsselmeer herum etwas zu sagen hatten. Die Tulpenzüchter und die Krabbenkapitäne, die Schnapsbrenner und die Sportsleute, und natürlich der Deichpastor, der jetzt wieder Oberwasser hatte.

Im langen Zug durch die Dünen glichen sie, die Männer im Frack mit den Schwalbenschwänzen, die Frauen mit wehenden schwarzen Schleiern, einer Schar von Krähen, die in ein abgeerntetes Kornfeld eingefallen sind.

Und wenn sie in ihrer kehligen Sprache beteten, klang es wie das Krächzen der Totenvögel.

Beim anschließenden Trauermahl ging es hoch her, und es gab nur ein einziges Thema: Den Riesensatz des Frans van der Meulen, der schon jetzt, vom Genever befeuert, historische

Dimensionen angenommen hatte, und wie gut, dass der alte Claas das noch mitbekommen habe, wenn auch nur ein paar Sekunden lang.

An diesem Tag betranken sich Piet, die Witwe Meisje und der Deichpastor, um ihr Gewissen zu betäuben, bis zur völligen Besinnungslosigkeit und mussten auf drei Schubkarren, mit denen sonst die Kornsäcke transportiert werden, nach Hause gebracht werden.

Die Jahre gehen dahin, die Flut kommt und geht, und die Mühle mahlt das Korn für Mensch und Maus.

Und die ganze Zeit warten Meisje, die Müllerin, ihre Söhne Frans und Piet und der Deichpastor darauf, dass die Prophezeiung der guten Fee sich erfülle und Piet das größte holländische Malergenie seit Rembrandt würde.

Danach sah es aber gar nicht aus.

Obwohl der alte Claas das Seine getan hatte und ihn, als Prügel nicht mehr halfen, bei den besten niederländischen Landschaftsmalern in die Lehre gegeben hatte, war das Ergebnis enttäuschend.

Jetzt, nach dreißig Jahren, war er von Rembrandt so weit entfernt wie die Zuidersee vom Mond.

Außerdem war er farbenblind.

Dann kam der 33. Geburtstag.

Die Mutter hatte all die Jahre über nicht vergessen, was sie damals, nach der Geburt der Drillinge, in der düsteren Mühle im Dahindämmern wahrgenommen hatte.

Wie die gute Fee hereingeschwebt und vom einen zum andern Säugling mit ihrem Zauberstäbchen getrippelt war und wie sie am Ende beinahe das Geschenk für den kleinen Piet vergessen hätte, dieses kostbare muschelbesetzte Kästchen, das nun neben dem anderen Geschenk lag, nämlich einem Paar funkelnagelneuer gelber Holzschuhe, und jetzt geöffnet werden sollte.

Das geschah auch ganz mühelos.

Kaum hatte Frau Meisje das Schloss berührt, sprang der Deckel auf und gab den Blick auf den Inhalt frei.

Da fielen Frans, Piet, der Müllerin und dem Deichpastor die Kinnladen nach unten und blieben eine ganze Weile dort. Sie waren maßlos enttäuscht von dem, was sie da sahen.

In dem mit blauer Seide ausgeschlagenen Schatzkästlein lagen nämlich weder Gold noch Edelsteine, sondern ein kleines Linealchen, ein rechter Winkel, ein Bleistift, vier Pinsel und vier Fläschchen mit den Farben Rot, Blau, Gelb und Schwarz, alle von 1 bis 4 durchnummeriert.

Piet fasste sich als Erster.

Wortlos packte er die Geschenke ein, schloss den Deckel, schlüpfte in die Holzschuhe, stieg die Treppe in sein Stübchen hinauf und schloss die Tür.

Er setzte sich an die schräg gestellte Staffelei und begann zu malen.

Was er da malte, das lässt sich nur mit dem energischen Zugriff höherer Mächte erklären. Ohne über das nachzudenken, was er da tat, zog er zuerst waagrechte Linien mit dem Linealchen über die Leinwand, dann mithilfe des rechten Winkels senkrechte, und als dort, ohne eigentlichen Plan, eine Reihe größerer und kleinerer Kästchen entstanden war, schraubte er die Fläschchen auf und füllte einige dieser Kästchen traumwandlerisch mit den Farben Gelb, Rot und Blau, andere nicht. Die umsichtige Nummerierung der Fläschchen sorgte dafür, dass dabei trotz seiner Farbenblindheit nichts schiefging.

Und es ging auch nichts schief.

Piet lehnte sich zurück, nahm einen tiefen Zug aus seiner Meerschaumpfeife und brummte: »So, Mijnheer Rembrandt, jetzt seid Ihr dran.«

Mit Rembrandt sah es indessen nicht gut aus.

Seine Ölbilder, schon zu ihrer Entstehungszeit für ihr Halbdunkel bekannt, waren in den vergangenen vier Jahrhunderten so sehr nachgedunkelt, dass man kaum noch erkennen konnte, was da vor sich ging. Als dann auch noch bekannt wurde, dass sein berühmter »Mann mit dem Goldhelm« gar nicht von ihm stammte, sondern von einem namenlosen

Werkstattgesellen, war jedem klar, dass Rembrandts Stern am Sinken war.

Um es klar zu sagen, er war kein Gegner mehr für Piet Mondrian, dessen Stern nun umso strahlender aufging.

Zu der Namensänderung hatte ihm sein Agent geraten. »Mondrian«, das klang doch sehr viel mondäner als das provinzielle »van der Meulen«, was zu Deutsch »von der Mühle« heißt.

Mondrians genial einfaches malerisches Konzept, auf das keiner vor ihm gekommen war, und die enorm hohe Wiedererkennbarkeit leuchteten allen Kunstfreunden derart ein, dass sein Ruhm bald um den ganzen Erdball ging. Jetzt war es für jeden Museumsbesucher, der keinen Turner von Tizian, keinen Vermeer von Veronese und schon gar keinen Manet von Monet unterscheiden konnte, ein Leichtes, seine Kunstkennerschaft zu beweisen: »Sag mal, Liebling, weißt du, wer dieses herrlich farbenfrohe Bild gemalt hat?«

Der Angesprochene tritt einen Schritt zurück, kneift die Augen zusammen und sagt, ohne zu zögern: »Sieht mir verdammt nach einem Mondrian aus!«, und erntet, nach einem kurzen Blick auf das Schildchen neben dem Gemälde, einen bewundernden Blick, eine Bewunderung, die sich alsbald in seinem ganzen sozialen Umfeld herumspricht. Kein Wunder auch, dass die lakonische Ikonografie von Piet Mondrians

Bildern, die alle Vorzüge einer Marke in sich vereinigte, in Windeseile von den Designern, Architekten, Modeschöpfern und den Produktmanagern der Industrie begeistert aufgenommen und aufs Großzügigste genutzt wurde.

Den Anfang machten die Bauhauskünstler, dann trat ein französischer Modeschöpfer auf den Plan, der eine ganze Kollektion mit Mondrians farbigen Kästchen bedruckte, gefolgt von einem Heer von Fabrikanten, die den Weltmarkt mit Tapeten, Duschvorhängen, Bettwäsche, Möbeln, Badetüchern, Servietten, Speiseservicen und Buchumschlägen bedienten. Schwer vorstellbar, dass einer Rembrandts düstere Interieurs auf ein Kopfkissen gedruckt hätte.

Neider und Nachahmer hatte Mondrian viele, aber einen gab es, der nicht wirklich beeindruckt war: den inzwischen fast hundertjährigen Deichpastor von Moelendam. Auf die Frage, ob er denn seinen Schützling bewundere, krächzte er nur: »Quatsch! Was hätte er denn tun sollen? Er war im Zustand der Gnade, und gegen die Gnade gibt es kein Mittel, junger Mann! Aber das werden Sie nie begreifen.«

Mehr war aus ihm nicht herauszukriegen.

Und wie es aussieht, müssen auch wir uns mit dieser theologischen Lehrmeinung zufriedengeben.

THORAK

Im September 1941 lädt Josef Thorak, der Lieblings-
bildhauer des Reichskanzlers Adolf Hitler, zu einer Füh-
rung durch sein neu erbautes Atelier in Baldham ein.

Als sich die Besuchergruppe unter einer 17 Meter hohen,
aus einem Marmorblock geschlagenen Riesenfigur versam-
melt hat, kommt es zur Katastrophe.

Der tonnenschwere linke Arm des fast fertigen Kolosses,
der einen Felsblock hält, löst sich, stürzt herab und begräbt
alle Anwesenden unter sich, Hitler und seine gesamte Entourage.

Kein Einziger kommt mit dem Leben davon. Während
noch der Marmorstaub die Trümmerstätte in diffuses Licht
hüllt und die Sicht erschwert, tritt Martin Bormann, die graue
Eminenz der Reichskanzlei, auf den Plan. Er hat den ganzen
Vorgang zusammen mit dem Künstler aus einer entfernten
Ecke des weitläufigen Ateliers beobachtet.

Jetzt greift er in seinen bodenlangen feldgrauen Ledermantel und holt ein Funkgerät hervor. Er spricht einen kurzen Satz hinein, wartet auf die Bestätigung und klappt das Gerät zu.

Wenige Minuten später rollt die »Operation Phönix« an. Ein geschlossener Mannschaftswagen, der in einem nahen Wäldchen gut getarnt in Stellung gegangen war, fährt vor den Garteneingang auf der Rückseite des Ateliers. Auf ein Pfeifsignal springt eine exakte zweite Besetzung der Verunglückten heraus: Zwölf Generäle, zwei Flieger-Asse, ein berühmter U-Bootkommandant, vier bekannte UFA-Stars sowie die gesamte Parteiführung des Gaues Oberbayern in braunen Uniformen, in ihrer Mitte unverkennbar Adolf Hitler.

Sie alle waren, zusammen mit vielen anderen, nach dem Attentat im Löwenbräukeller am 8. November 1938, das nur knapp fehlgeschlagen war, auf der Ordensburg Odinhall in den bayerischen Hochalpen kaserniert und gedrillt worden, um im Falle eines erfolgreichen Attentats Hitlers Umgebung und vor allem ihn selbst zu ersetzen.

Die »Operation Phönix« war zur »Geheimen Reichssache« erklärt worden. Alle Beteiligten hatte man von ihren Familien getrennt und vollkommen von der Außenwelt abgeschottet. Bormann, die gefürchtete Eminenz der Reichskanzlei, hatte keinen Aufwand gescheut.

Allein für die zweite Besetzung Hitlers hatte er Dutzende

von Kleindarstellern auf allen Bühnen des Reiches, besonders der österreichischen, in einer Nacht-und-Nebel-Aktion auf die Ordensburg bringen lassen, mit ihnen die besten Maskenbildner und Schminkkünstler der UFA und zwei französische Friseure. Ein berühmter Logopäde der Charité drillte die Probanden täglich mehrere Stunden, um ihnen den kehlig bombastischen Sprachklang des Mannes aus Braunau einzuschärfen.

Es muss ein seltsamer Anblick gewesen sein, diese sechsunddreißig Hitlerdarsteller, die da geschminkt, gescheitelt und mit sorgsam gestutzten Bärtchen in der gleichen braunen Uniform im Burghof angetreten waren. Wie ein Haufen von jungen Rekruten wurden sie vom Ausbilder, einem biederen Feldwebel, herumkommandiert.

Nach der Begrüßung: »Guten Morgen, Männer!« hatten sie »Guten Morgen, Herr Feldwebel!« zu brüllen, und gleich begann die Grundausbildung mit »Linksum, rechtsum, im Gleichschritt Marsch, in Viererreihen fallend« rund um den Burghof. Und immer wieder geschah es, dass beim Kommando »Ganze Abteilung halt!« einer dem Vordermann auf die Hacken trat, was, je nach Kinderstube, ein »Pardon, mein Führer!« oder »Pass doch auf, du Depp!« zur Folge hatte.

Hinter den tiefer gelegenen Fenstern versteckt feixten die jungen Küchenhilfen beiderlei Geschlechts, bis sie vom Koch mit der Schöpfkelle verjagt wurden.

Die Schauspieler dagegen arbeiteten mit großer Hingabe an ihrer Rolle, gerade so, als ginge es um Tod oder Leben. Sie wussten sehr gut, dass sie nur so lange vom Frontdienst befreit waren, wie sie zu dieser seltsamen Truppe gehörten.

Auch untereinander standen sie in erbittertem Wettbewerb, der zu sein, der im Ernstfall in eines der Führerhauptquartiere, Adlerhorst oder Wolfsschanze, einziehen würde, während alle andern beim Volkssturm landeten.

So übten sie auch in ihrer Freizeit angestrengt vor dem Spiegel Hitlers theatralische Gesten, seine Wutausbrüche, den Blick aus den stahlblauen Augen und immer wieder den mehr bayerisch als österreichisch gefärbten Sprachklang in allen Lautstärken, den jeder der achtzig Millionen Deutschen aus dem Volkempfänger kannte

Die Bewohner eines im Tal gelegenen Bauernhofs, die man zu evakuieren vergessen hatte, schraken eines Nachts auf, als sie plötzlich die Stimme ihres Führers vernahmen, vervielfacht durch das Echo der Berge. Es klang so schauerlich, dass die Altbäuerin sich bekreuzigte und die Gewitterkerze anzündete.

»Er ist wieder da!«

Die braven Leute wären nie auf den Gedanken gekommen, dass sie in Wirklichkeit die Stimme Josef Dvoratscheks hörten, des dritten Helden am Stadttheater Olmütz, der bei offenem Fenster die letzte Parteitagsrede Hitlers memorierte.

Bormann, ein Musterbeispiel deutschen Organisationstalents, ging aber noch weiter.

Um die Identität seines Chefs auch über dessen Tod hinaus zu sichern, hatte man auf seinen Befehl hin den achtzehn in die engere Wahl gelangten Hitlerdarstellern jeweils mehrere Zähne gezogen und nach den vorliegenden Röntgenaufnahmen von Hitlers Zahnarzt durch Brücken ersetzt.

Die täuschend ähnliche zweite Besetzung der Besuchergruppe betritt jetzt das Atelier durch den Hintereingang, durchquert es, ohne sich umzusehen, besteigt mit ruhig festem Tritt die wartenden Mercedes-Limousinen und rast in einer langen Nachtfahrt mit abgeblendeten Scheinwerfern nach Berlin.

Dort spielt der falsche Führer seine Rolle bis zum letzten Vorhang so gut, dass nicht einmal der Kammerdiener Linge, geschweige denn Eva Braun Verdacht schöpfen.

Es war, wie man so sagt, die Rolle seines Lebens.

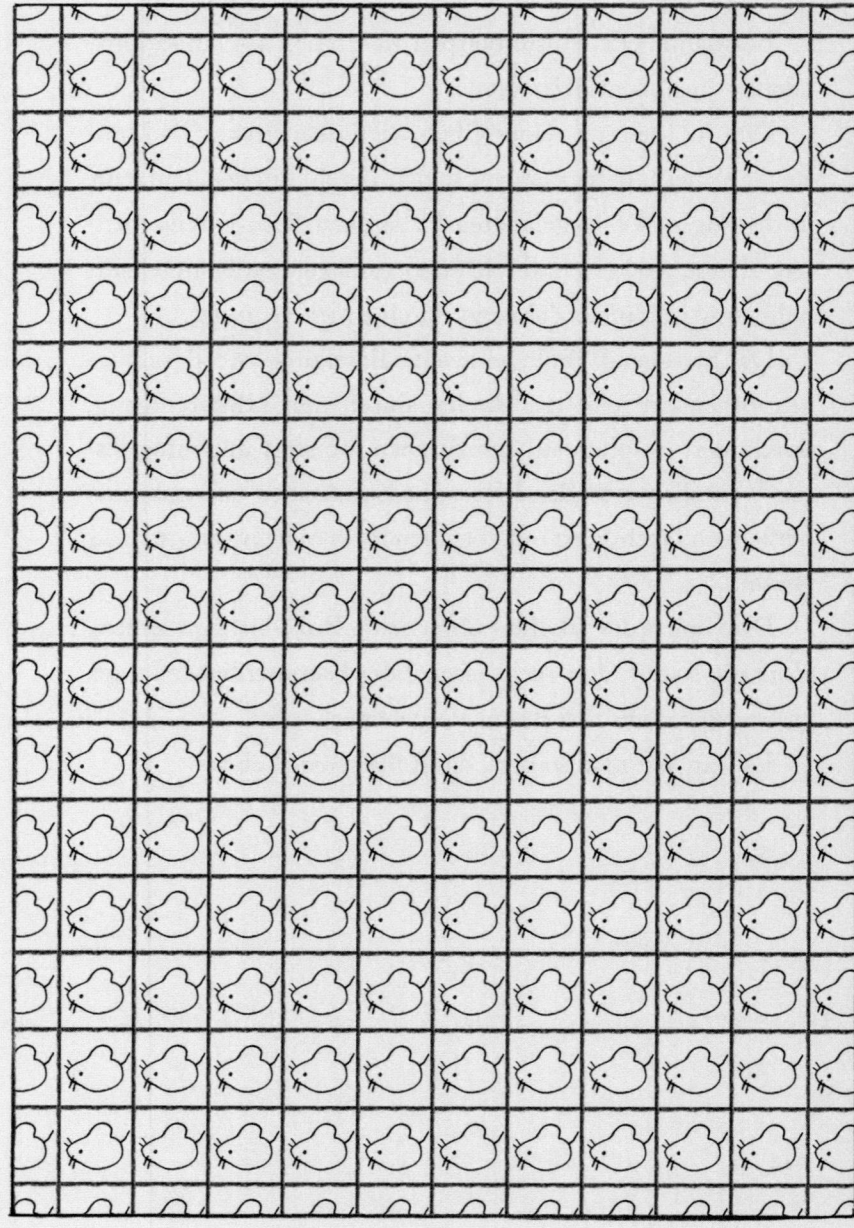

35.000 MÄUSE

Pius Melzel war ein unglaublicher Langweiler. Ein Witzbold im Büro der Lebensversicherungsgesellschaft, wo er in der Reisespesenabteilung arbeitete, behauptete, wenn Pius einen Raum betrete, würden die Uhren stehen bleiben.

»Und die Fliegen fallen von der Decke!«, ergänzte eine Kollegin unter schrillem Gelächter.

Tatsächlich hatte seine Redeweise, ja seine ganze Art etwas Lähmendes. Obwohl alles, was er von sich gab, inhaltlich nicht zu beanstanden war, hörten die meisten seiner Gesprächspartner ab der Mitte des zweiten Satzes nicht mehr richtig zu, wurden unruhig und wechselten die Plätze.

Frauen, die er bei einer Büroparty mit einer unbeholfenen Verbeugung zum Tanz aufgefordert hatte, murmelten nach ein paar Drehungen, sie müssten mal eben für kleine Mädchen, und ließen ihn stehen.

Als seine Gattin, eine quirlige, attraktive Blondine, von

ihrer besten Freundin nach dem dritten Glas Prosecco gefragt wurde, wie sie denn an diesen Menschen geraten sei, wich sie zunächst aus, lüftete aber nach zwei weiteren Gläsern das Ehegeheimnis.

Sie sei als sechzehnjährige Internatsschülerin schwanger geworden. Es hatte einen Riesenaufstand gegeben. Ihr Vater, ein hoher Beamter, bestand auf einer sofortigen Heirat. Die Gegenseite lehnte ab, bot eine Entschädigung an und schickte den Verführer zu Verwandten nach São Paulo.

Die Zeit wurde knapp.

Da griff eine verwitwete Tante ein und präsentierte ihren Neffen, den schon etwas überständigen, sechs Jahre älteren Pius Melzel, der sofort zustimmte.

Es gab eine Schnelltrauung im engsten Kreis, eine möblierte Eigentumswohnung und ein ansehnliches Startkapital. Als sechs Monate später die kleine Elinor auf die Welt kam, wurde sie zum Frühchen erklärt und alle atmeten auf.

Nicht so Frau Kira, die unmündige Ehefrau.

Die hatte schon am ersten Abend der Hochzeitsreise, während der Fahrt durch die liebliche Wachau, ein Schlüsselerlebnis.

Ihre Eltern hatten für das junge Paar eine geräumige Suite auf dem lang gestreckten Kreuzfahrtschiff »Nibelungen« gebucht, das sie von Passau nach Budapest bringen sollte.

In der Hochzeitsnacht war die Braut gleich nach dem Betreten der Suite ohne Umstände aus dem transparenten Organzakleid, dann, mit einer fast tänzerischen Drehung, aus dem lachsfarbenen Negligé geschlüpft, hatte das winzige Höschen aus der Bewegung heraus mit einem Schlenker des linken Beins quer durch den Raum geschleudert und war ohne einen Faden am Leib in den seidenen Kissen gelandet, wo sie sich nun erwartungsvoll rekelte.

Pius dagegen ließ sich viel Zeit. Umständlich zog er den steifen schwarzen Hochzeitsfrack aus, der stark nach Mottenkugeln roch, umsichtig hängte er ihn über einen Kleiderbügel, pustete schnell noch ein Stäubchen weg und verstaute ihn im Schrank.

Dann nahm er sich der Beinkleider an. Er brachte die Bügelfalten zur Deckung, indem er das rechte Hosenbein mit dem gegen sein Brustbein gedrückten Kinn einklemmte und das linke auf Kante legte. Dann nahm er einen dieser grässlichen Hosenspanner, öffnete das Gerät durch einen Druck auf die beiden Schenkel, klemmte beide Hosenbeine fest und hängte, nach einer nochmaligen Prüfung, das Ganze frei schwebend an den Duschvorhang.

Mit wachsendem Entsetzen und geweiteten Augen hatte die nackte junge Frau diese Horrorvorstellung beobachtet.

Als sie Jahre später ihrer besten Freundin diese Szene in

allen Details schilderte, auch in solchen, über die nur Frauen untereinander reden, sagte sie, in diesem Moment sei das Urteil über ihre Ehe gefällt worden. Von da an sei sie fest entschlossen gewesen, aus diesem Käfig bei der ersten Gelegenheit auszubrechen, je früher, desto besser.

Aber dann, am Ende des ersten Ehejahres, kam es zur Katastrophe.

Kiras Eltern hatten dem jungen Paar eine organisierte Städtereise nach Wien geschenkt. Bei dem dazugehörigen Ausflug nach Grinzing geschah etwas, das alle ihre kurzfristigen Fluchtpläne in Makulatur verwandelte.

In diesem zauberhaften Winzerdorf, wo die Tische unter Laubengängen stehen, wo der Mond scheint und der Heurige fließt, wo die walzerselige Schrammelkapelle samt ihrem schmalzigen Stimmungssänger den Verstand betäubt, eine Blödigkeit, die auf dem ganzen Rückweg bis ins Schlafzimmer des Hotels »Alter Kaiser« anhielt, wurden die Zwillinge gezeugt, die neun Monate später auf die Vornamen dieses alten Kaisers, nämlich »Franz« und »Joseph« getauft wurden. Ein Scherz, der ihr noch heute peinlich sei, erzählte Kira ihrer lauschenden Freundin.

Jetzt war die Falle zugeschnappt. Sie hatte keinen Schulabschluss, keinen Beruf, war finanziell abhängig und Mutter von drei kleinen Kindern.

Diese Erkenntnis versetzte die junge Frau zuerst in eine bleischwere Depression, anschließend in eine hilflose Wut, die in jedem Jahr ihrer verschwendeten Jugend bis ins Unermessliche wuchs.

Pius ahnte von alledem nichts.

Seine Erwartungen an die Ehe waren gering, und sie wurden alle erfüllt: Eine bürgerliche Existenz, feste Strukturen, eine vorzeigbare Ehefrau, drei Kinder, an denen er hing, jeden Sonntag ein gemeinsamer Spaziergang am Fluss und alle vierzehn Tage ein frisch bezogenes Bett.

Eines Tages, bei einem kleinen Umtrunk, erzählte ihm ein Bürokollege mit künstlerischen Neigungen, er male jeden Abend seinem kleinen Sohn vorm Schlafengehen ein kleines Bild.

Das gefiel Pius Melzel, und er beschloss, es ihm gleichzutun.

Um der Sache eine feste Struktur zu geben und weil er es auch in der Reisespesenabteilung mit kleinen weißen Zetteln zu tun hatte, die er kontrollieren und abzeichnen musste, nahm er aus dem Büro ein Paket mit 1000 Blättern Saugpostpapier, 80 Gramm DIN A 4, mit nach Hause, die er mit Federmesser und Lineal auf fünfzehntausend sechs mal sechs Zentimeter große Blättchen zurechtschnitt.

Das sollte für den Anfang reichen.

Es freute ihn, dass sich der Papierabfall in Grenzen hielt.

Von diesem Format wich Pius Melzel bis zu seinem Tod um keinen Millimeter ab. Die geringe Größe der Blätter entsprach seinem bescheidenen Wesen, die quadratische Form mit den vier rechten Winkeln seinem tiefen Bedürfnis nach Recht und Ordnung, und die exorbitante Vorratshaltung schenkte dem lebensängstlichen Mann, sooft er sie kontrollierte, ein Gefühl von Frieden, Ruhe und Sicherheit.

Jetzt freute er sich jeden Abend aufs Nachhausekommen.

Nach dem Abendessen, das meist aus einer gemischten Wurst- und Käseplatte und einer Kanne grünem Tee bestand, brachte er die Zwillinge und die Tochter Elinor ins Kinderzimmer.

Er setzte sich zwischen die Gitterbetten und malte mit bereitliegenden Buntstiften auf die weißen Zettel kleine Bilder, die sich die Kinder wünschen durften.

Solange sie klein waren, verlangten Elinor, Franz und Joseph meistens ebenso kleine Bären, Elefanten, Igel, Giraffen und Pinguine, die ihre Mamis und Papis ganz toll lieb haben.

Da Pius kein Talent hatte, wurden seine Zeichnungen mit den Jahren nicht besser oder gekonnter. Weil es aber aus Sparsamkeit im Hause der Melzels keine Bilderbücher wie »König Babar«, »Peter Rabbit«, »Max und Moritz« oder »Pu der Bär« gab, die als Vorbilder oder Maßstab hätten dienen können, waren die Kinder mit den naiven Kritzeleien ihres Vaters zufrieden.

Im nächsten Jahr wurden die Wünsche anspruchsvoller. Herr Pius Melzel gab sich große Mühe, auf Anweisung bunte Affen zu zeichnen, die mit kleinen Bobby-Cars auf Palmen hochfuhren, oder Nikoläuse, die auf Eisbären durch die Wüste ritten, oder brennende Häuser, aus denen schreiende Kinder liefen.

Er lebte in der Vorstellung, das sei er seinen Kindern schuldig.

Als sie zehn und zwölf Jahre alt waren, eröffnete Frau Kira ihrem nichts ahnenden Ehemann beim Abendessen, sie würde ihn verlassen.

Sie hatte alles von langer Hand vorbereitet.

Am nächsten Tag brachte sie die Zwillinge in ein Internat im Schwarzwald und die Tochter zu einer kunstliebenden Tante nach Brüssel.

Nach ihrer Rückkehr nutzte sie die berufliche Abwesenheit ihres Mannes, um die inzwischen zwanzigtausend kleinen bunten Bilder, mit denen er sich zwölf Jahre lang so viel Mühe gegeben hatte, im Heizungskeller zu verbrennen.

Dieser barbarische Akt übertraf an Emotionalität alles, was die junge Frau in ihrer langen Ehe jemals aufgebracht hatte. Leider kam dieser Ausbruch zu spät, um etwa mithilfe einer klugen Analytikerin »den Schalter umzulegen« und ihrer Beziehung noch einmal eine Chance zu geben.

Nach einer Nacht, die sie in einer kleinen Pension in der Bahnhofsgegend verbracht hatte, fuhr Kira Menzel mit dem vollgestopften Familiencaravan (ein Teil der Habe war auf dem Dach festgezurrt) in Begleitung eines fünf Jahre jüngeren Anwaltsgehilfen namens Clemens Waldmann quer durch Europa nach Piräus. Dort setzte sie in einer Autofähre über nach Rhodos, wo sie knapp eine Woche nach ihrer Ankunft mit ihrem neuen Lebenspartner eine Immobilienfirma übernahm, deren Kundin sie gewesen war.

Vor ihrer Abreise hatte sie der Firma »Die Kellerasseln«, die in Kleinanzeigen ihre Dienste für Wohnungsauflösungen und Kellerräumungen anbot, den Auftrag erteilt, die gemeinsame Wohnung komplett leer zu räumen und alle Möbel, Teppiche, Lampen etc. zu entsorgen.

Sie hatte auch nicht vergessen, ein »Zeitfenster« anzugeben, innerhalb dessen die Sache »über die Bühne gehen« müsse.

Mit dieser resoluten Aktion verschwindet Frau Kira aus unserer Geschichte.

Als Pius Melzel an diesem Abend seine leer geräumte Wohnung betrat, in der nur noch eine einsame, trübe elektrische Birne an einem Kabel von der Decke hing, war das Erste, woran er sich später erinnerte, das Gefühl einer grenzenlosen Freiheit.

Er setzte sich in einen alten grünen Korbstuhl, den die Arbeiter samt drei leeren Bierflaschen hinterlassen hatten, und sah sich um.

Dabei fiel ihm eine Szene ein, die sich vor zwanzig Jahren in ebendieser Wohnung zugetragen hatte.

Er war mit seinen Eltern zum Skilaufen ins Wallis gefahren und dort zusammen mit ihnen von einem Schneebrett verschüttet worden. Er als Einziger überlebte.

Nach dem Urnenbegräbnis und der Rückkehr in die menschenleere Wohnung hatte ihn, den sechzehnjährigen Vollwaisen, ein ähnliches Gefühl durchströmt, dessen er sich sofort schämte.

Und doch musste die über ihm wohnende Vermieterin ihn zwei Wochen später zurechtweisen, weil er mit einer Clique von Freunden bis in die Nacht hinein Karten gespielt und dabei mehrfach laut aufgelacht hatte.

Ein paar Tage später hatte Pius Melzel seine Wohnung mit Möbeln aus der Campingabteilung des örtlichen Kaufhauses notdürftig eingerichtet. Ein Feldbett, ein verstellbarer Campingstuhl, ein langer Biertisch mit einer Bank, ein Wandregal mit ein paar Kriminalromanen, ein alter Fernsehapparat und zwei Umzugskartons, mehr brauchte er nicht.

Die Kleider hängte er an Garderobenhaken, die er an der Wand befestigt hatte.

Um das Geld für die Heizung zu sparen, hatte er eine Infrarotlampe angeschafft, die er neben seinem Campingstuhl aufstellte.

Ihm gefiel diese Kargheit, und er verzichtete bewusst auf jeden Anflug von sentimentaler Gemütlichkeit.

Nachts ging er oft mit hallenden Schritten durch die leer stehenden Räume. Er empfand die Abwesenheit jeglicher Einrichtung als großes Privileg.

Nie gestattete Pius Melzel in den Jahren, die ihm noch blieben, einer Menschenseele, diese Wohnung zu betreten.

Im Büro verschonten ihn die Kollegen in einer Mischung aus Mitleid und schlechtem Gewissen jetzt mit ihrer Frotzelei.

Ohne groß darüber nachzudenken, nahm er einen Karton mit 1000 Blättern Saugpostpapier, 80 Gramm DIN A 4, mit nach Hause, zerschnitt sie in sechs mal sechs Zentimeter große Blättchen, die er nummerierte und bündelte und in dem Umzugskarton aufbewahrte.

An einem dieser Abende erinnerte Pius sich daran, wie er als junger Mensch zum ersten Mal nach Paris gefahren war. Er hatte sich am linken Seineufer, in der Rue de la Harpe, ein Zimmer genommen. Der Blick über die Dächer von Notre-Dame und den Louvre überwältigte ihn, und die Vorstellung, sich diesen Tausenden von Meisterwerken in Hunderten von Sälen stellen zu müssen, zog ihm den Boden unter den Füßen weg.

Es war ihm einfach zu viel. Pius reagierte mit dem ganzen Trotz seiner zwanzig Jahre.

Sollen sie sich doch alle diese pompösen Schinken an den Hut stecken, sagte er laut zu sich, diese Rubens und van Dycks und die Davids und Delacroix' und da Vincis und wie sie alle heißen, aber ohne ihn bitte!

Er verließ bis zur Rückreise das Zimmer nicht, bereitete sich das Essen auf dem mitgebrachten ESBIT-Kocher zu, wusch sich täglich die Haare, polierte seine Schuhe und bestellte am Sonntagnachmittag ein Taxi, das ihn durch das Menschengewühl zur Gâre de l'Est brachte.

Auf der langen Zugfahrt durch die öde Champagne kicherte er lautlos vor sich hin. Sie hatten ihn nicht kirre gemacht mit ihrem ganzen angeberischen Gedöns, die Franzmänner. Ihn nicht! Beruhigt schloss er die Augen und schlief tief und fest, bis die Zollkontrolle ihn weckte.

Zu dieser Zeit konnte Pius Melzel ja nicht ahnen, dass dieses Paris-Erlebnis oder eben Nicht-Erlebnis ihn prägen würde bis in die letzte Phase seines Lebens, und schließlich die Grundlage für seinen posthumen phänomenalen Welterfolg abgeben würde.

Als er seine Wohnungstür öffnete, merkte er gleich, dass er nicht allein war. Schon im Flur sah er ihn, den kleinen Kater Edgar, den Frau Kira ihm hinterlassen hatte, weil es in ihrem neuen Leben keinen Platz für ihn gab.

Er war vor dem Lärm der Wohnungsräumer geflohen und hatte sich während der ganzen Zeit hinter einer Wandabdeckung verkrochen. Verfilzt, schmutzig, dehydriert und halb verhungert baute er sich jetzt vor Pius auf und sah ihn aus seinen kreisrunden Augen unverwandt an.

Pius teilte sein Abendessen mit ihm und reinigte geduldig mit warmer Seifenlauge sein Fell, spülte nach und frottierte es.

Der kleine Kater sprang auf seinen Schoß, leckte dankbar seine Hände und das Gesicht und schnurrte.

Da, aus langjähriger Gewohnheit, holte Pius ein Bündel der weißen Zettel und einen Kugelschreiber aus dem Umzugskarton und fing an zu zeichnen. Niemand musste ihm sagen, dass Katzen sich nicht für Pandabären in Buggys oder abstürzende Flugzeuge interessieren, aus denen schreiende Menschen und ihre Koffer fallen.

Er wusste nur zu gut, was Katzen wirklich wollen: Mäuse, viele, viele Mäuse.

Die sollte Edgar haben.

In den zwanzig Jahren, die Pius noch blieben, zeichnete er 35.000 Mäuse auf ebenso viele Zettel im Format sechs mal sechs Zentimeter. Er datierte und signierte sie in winziger Schrift auf der Rückseite.

Schon die erste Maus schien ihm perfekt zu sein, so perfekt, dass er keinen Grund sah, an diesem Entwurf im Lauf der nächsten Jahre auch nur das Geringste zu ändern.

An manchen Abenden zeichnete er zehn und mehr Mäuse, und sie glichen sich alle wie ein Reiskorn dem andern. Oder eine Schneeflocke der andern.

Dann starb er.

Frau Hemzahl, einer freundlichen Mitbewohnerin, war aufgefallen, dass die Zeitungen seit drei Tagen vor seiner Tür lagen, die sie ihm, wie seit Jahren schon, nach der Lektüre dorthin gelegt hatte. Auch sagte sie später, sie habe »so einen komischen Geruch« wahrgenommen.

Nachdem sie die Notruftaste ihres Mobiltelefons gedrückt hatte, erschien ein junger Polizist in Begleitung eines Handwerkers vom Schlüsseldienst.

Der Polizist betrat die Wohnung, erschien aber bald darauf wieder mit grünem Gesicht, versiegelte die Tür und empfahl den Hausbewohnern, die sich inzwischen im Treppenhaus angesammelt hatten, wieder in ihre Wohnungen zu gehen. Es sei kein schöner Anblick da drin, sagte er, nach drei Tagen unter der Infrarotlampe.

Der Polizist führte von Frau Hemzahls Wohnung aus drei

Telefongespräche, worauf eine halbe Stunde später drei schwarze Limousinen vorfuhren, denen ein Kommissar, zwei Inspektoren, ein Staatsanwalt, der Untersuchungsrichter und der Gerichtsarzt entstiegen.

Der stellte in gebotener Eile fest, dass es sich hier um einen normalen Todesfall ohne Fremdeinwirkung handle, worauf die Beamten mit ernsten Gesichtern ihre Limousinen bestiegen und wegfuhren.

Nach ihnen betrat ein Trupp von energischen Männern in Cellophanverkleidung und Atemschutzmasken die Wohnung, die auch als Tatortreiniger bei Mordfällen eingesetzt werden.

Nach einer Stunde waren die Leiche in einem Metallsarg aus der Wohnung getragen, die karge Möblierung abtransportiert und alle Räume desinfiziert worden.

Der enttäuschte Lokalreporter bestieg seine knatternde Vespa und fuhr, zusammen mit der Fotografin, zurück in die Redaktion.

Kater Edgar hatte nun endgültig genug von der Familie Melzel. Er verließ die Wohnung für immer, lebte noch drei Jahre als Freigänger in einer alten Fabrikruine und starb dort im Alter von 24 Jahren.

Einen Tag später kamen die Kinder. Die Zwillinge Franz und Joseph nahmen sich nicht viel Zeit, da sie es gewöhnt waren, als Teilhaber der international tätigen Sozietät Melzel, Melzel und Armbruster pro Stunde 400 Dollar in Rechnung zu stellen.

Sie begrüßten ihre Schwester Elinor, mit der sie seit Jahren keinen Kontakt mehr gehabt hatten, schüttelten die Köpfe und erklärten sich ohne Weiteres bereit, die Begräbniskosten zu übernehmen, zu verrechnen mit ihrem Anteil aus dem Verkauf der Eigentumswohnung.

Am selben Abend saßen sie sich bereits wieder im palisandergetäfelten Büro an ihren Schreibtischen gegenüber.

Diese Eile sollten sie später bitter bereuen.

Ihre Schwester Elinor ließ sich mehr Zeit. Auch sie hatte Karriere gemacht.

Nach einem Studium der Kulturwissenschaften in Göteborg hatte sie die Firma »Arts and much more« gegründet, die Ausstellungen kreierte, kuratierte und wissenschaftlich begleitete. Sie saß im Beirat mehrerer Museen, darunter die Pinakothek der Moderne in München und das Guggenheim-Museum in Abu Dhabi. Mit drei milliardenschweren Investoren in den Kunstmarkt war sie per Du.

Ihr Auftritt war imposant.

Elinor war jetzt 32 Jahre alt, eine groß gewachsene Blondine mit einer riesigen Löwenmähne, in der sie eine hochgeschobene Sonnenbrille trug, in ausgeschnittenen Kleidern und weit geschnittenen Kaschmirmänteln. Um den Hals wanden sich kunstvoll locker geschlungene, nahezu bodenlange Schals.

Außerdem beherrschte sie die geheimen Sprachcodes des internationalen Kunstbetriebs. Einige Zeit wohnte sie sogar Wand an Wand mit dem französischen Kultusminister.

Jetzt stand Elinor in der trostlosen, verstaubten Wohnung, in der sie die ersten zwölf Jahre ihrer Kindheit verbracht hatte.

Etwas fehlte.

Es fiel ihr ein, dass es hinter der Küche eine Besenkammer gegeben hatte, unbeleuchtet und schwer erkennbar, da die Tür in das Wandpaneel eingearbeitet war.

Sie fand die Tür und öffnete sie. Vor ihren Augen stand der offene Umzugskarton mit den 35.000 Mäusen.

Elinor brauchte nicht einmal eine Sekunde, um zu erkennen, dass sie auf Gold gestoßen war.

Sie verstaute den Umzugskarton im Kofferraum ihres Jaguars und fuhr, ohne anzuhalten, durchwegs auf der Überholspur in ihr Hamburger Büro.

Dort versperrte sie die Tür, schaltete die Kaffeemaschine ein, zog weiße Baumwollhandschuhe an und entnahm dem Umzugskarton zwanzig Konvolute mit je siebzehnhundertfünfzig Mausbildern, ein unvorstellbarer Schatz.

Als sie nach Mitternacht das Büro verließ, hatte sie das

Strategiekonzept auf eine Wandtafel geschrieben. Am Morgen rief sie ihren Stab zusammen, durchwegs Frauen, die auf Public Relations, internationales Urheberrecht, Consecutivity, Continuity und Ingenuity sowie auf den Börsenhandel spezialisiert waren, und entwickelte mit ihnen die Eckdaten für die Phase eins.

Die Papierkonservatorin zog ein bedenkliches Gesicht. Sie wies Elinor darauf hin, dass die 35.000 Blätter für die angedachte Wanderausstellung zu fragil seien, vor allem die Lichtempfindlichkeit der mit dem Kugelschreiber gezogenen Konturen machte ihr Sorgen.

Man müsse eine Faksimile-Version herstellen, gleiches Papier, handgeschnitten, aber gedruckt, nicht gezeichnet.

Es wurde ununterbrochen telefoniert und gefaxt. Boten kamen und wurden wieder fortgeschickt. Ein brodelndes Stimmengewirr füllte den Raum. Dann stellte sich heraus, dass das Saugpapier der Originale seit Jahren nicht mehr hergestellt wird.

Eine Katastrophe.

Gegen Abend trieb Elinor eine Papierfabrik in den finnischen Wäldern auf, die sich bereit erklärte, die alte Maschine, auf der das gesuchte Saugpostpapier seinerzeit hergestellt wurde, wieder in Gang zu setzen.

Elinor trieb zur Eile an.

Als der finnische Kurier nach zwei Tagen und Nächten aus Rovaniemi am Polarkreis in Itzehoe eintraf, standen schon die Drucker in ihren blauen Overalls bereit.

In einer angrenzenden Halle warteten an langen Tischen vierzig Kunstschülerinnen aus der Slowakei, die mit Stahllineal und Federmesser die Druckbögen in 35.000 Zettelchen schnitten.

Eine Schneidemaschine hatte die Papierkonservatorin empört abgelehnt.

Zurück in Hamburg, wurden die Bilder, inzwischen in zwanzig Kartons verpackt, in ein leer stehendes Möbelhaus gebracht und dort auf langen Cellophanbahnen ausgelegt.

Elinor schickte alle Mitarbeiterinnen nach Haus, öffnete eine Flasche Veuve Clicquot, setzte sich zwischen das Lebenswerk ihres Vaters und blieb dort bis in die Morgenstunden.

Dann badete sie, zündete sich eine Zigarette an und fing, noch im flauschigen Bademantel, zu telefonieren an, mit Peking, São Paulo, New York und Abu Dhabi, die Zeitverschiebungen nutzend.

Die Scouts von Sotheby's, Christie's und Drouot hörten mit.

Die Temperatur stieg.

Am einfachsten war es, die Blankozusage des badischen Milliardärs für die Anschubfinanzierung einzuholen. Er akzeptierte, ohne zu zögern, dass es vorerst keine Abbildungen zu sehen gab.

Gegen Mittag wurde das Raunen auf den Kunstbörsen lauter.

Amsterdam fragte an, Göteborg, Zürich und die Deutsche Nationalgalerie.

Elinor mauerte.

Sie schob kleine Karten hin und her, auf denen internationale Ausstellungsorte vermerkt waren: die Biennale in Venedig, die documenta, das MOMA, die Tate Modern, das Guggenheim in Bilbao.

Am Ende machte Venedig das Rennen. Als die deutsche Kulturministerin im Beisein des Bundespräsidenten die Ausstellung im Deutschen Pavillon eröffnete und die Besucherschlangen tagelang bis zum Arsenal standen, wusste Elinor, dass sie jetzt wählen konnte.

Das tat sie, bedächtig wie eine Pokerspielerin, die ihr Blatt kennt. Ein Jahr später, nach einer umjubelten Tour durch das alte Europa, mit kurz getakteten Terminen in der Münchner Pinakothek der Moderne, dem Guggenheim in Bilbao und der Tate Modern in London, erwarb der badische Mäzen die Originale und das Copyright an den 35.000 Mäusen für einen zweistelligen Millionenbetrag.

Am Ende der Tour gab es eine Themenausstellung, wofür

das Grand Palais in Paris leer geräumt worden war, mit dem etwas sperrigen Titel »Von Paulus Potter bis Pius Melzel – das Tier in der abendländischen Malerei«.

Der französische Präsident blieb eine halbe Stunde, heftete Elinor das Kreuz der Ehrenlegion an und küsste sie länger als nötig.

Auf der Place du Carrousel wurde eine 25 Meter hohe Melzelmaus aus transparenten Rohren errichtet, in denen eine fluoreszierende Flüssigkeit Tag und Nacht kreiste.

Die Presse überschlug sich und erklärte Pius Melzel zum Gottvater der seriellen Grafik beziehungsweise zum Paten des Animalistischen Minimalismus. Der »Figaro« zog Vergleiche mit dem Teppich von Bayeux.

Auf der Forbes-Liste der wertvollsten Kunstwerke rückte Melzel auf den dritten Platz vor und überholte dabei Beuys und Gerhard Richter.

Als Elinor nach dem festlichen Diner im »Fouquet's« in die Kissen des »Georges V« sank, strömten Glückshormone in immer neuen Wellen durch ihre Adern. Dieser Zustand hielt auch an, als sie eine Woche später aus dem Hubschrauber stieg, der vor ihrem neuen Zuhause gelandet war, einem Tudor-Schloss unter alten Bäumen an der irischen Felsenküste.

Dort lebte sie bis zu ihrem Tode fünfundzwanzig Jahre

später in glücklicher Ehe mit einem zwanzig Jahre jüngeren Mann, dessen Identität sie nie lüftete.

Und damit endet dieser Bericht, da, wie schon Tolstoi im ersten Satz seines Romans »Anna Karenina« bemerkte, »alle glücklichen Ehen einander gleichen«, also für eine gute Geschichte rein gar nichts hergeben.

Erwähnenswert wäre noch, dass Elinor Steuern nur für ihre sechs Corgies zahlte, die, wie sie behauptete, aus der Zucht der englischen Königin Elizabeth II. stammten.

JOSEPH BEUYS

Im März 1944 kreiste ein einsames Flugzeug der deutschen Luftwaffe über der Halbinsel Krim auf der Jagd nach einem lohnenden Ziel.

In diesem Flugzeug, einem Sturzkampfbomber mit der Bezeichnung Ju 87, saß der junge Joseph Beuys, nachmals der berühmteste deutsche Künstler des 20. Jahrhunderts.

Von seinem Platz hinter dem Piloten beobachtete er aus sicherer Höhe, was auf dem Boden vor sich ging. Wenn er eine feindliche Truppenansammlung sah oder einen fahrenden Zug, gab er dem Piloten einen Klaps auf die Schulter.

Der stellte seine Maschine auf den Kopf und stürzte sich raubvogelgleich aus ein paar Tausend Metern Höhe in die Tiefe auf seine Beute. Auf dem ganzen Weg nach unten erzeugte dieser Sturzkampfbomber mittels einer eingebauten Sirene einen infernalischen, immer lauter werdenden Heulton, die gefürchtete »Jerichotrompete«, und versetzte damit alle, die sie hörten, in panische Angst und Schrecken.

Kurz über dem Boden löste der Pilot eine 500 Kilogramm schwere Bombe aus und zog sein Flugzeug in einer steilen Kurve wieder nach oben.

Er hatte nur diese einzige Bombe, und die musste treffen. Dass dies auch geschah, war nicht zuletzt das Verdienst des jungen Unteroffiziers Joseph Beuys auf dem Rücksitz des Sturzkampfbombers.

Die Trefferquote der Ju 87, liebevoll auch »Stuka« genannt, übertraf die der hoch fliegenden Bombenflugzeuge um ein Vielfaches. Aber so effektiv sie war, hatte diese Art der Luftkriegsführung auch ihre Risiken.

Wenn der Pilot die Maschine nicht rechtzeitig abfing, und es ging dabei um Bruchteile von Sekunden, bohrte sie sich in die Erde, oder sie schlitterte mit hohem Tempo über den Boden und zerlegte sich bei diesem Höllenritt in mehrere Teile.

Genau das geschah am 14. März 1944 beim letzten Flug des Joseph Beuys auf der Halbinsel Krim.

Der überlebte auf dem Rücksitz, schlug aber mit dem Kopf hart gegen das Kabinendach und fiel in ein tiefes Koma.

Als er daraus wieder erwachte, fiel sein Blick auf eine Horde von Tataren, und zwar von Krimtataren, eine besonders grausame Spezies. Die hatte ihn unsanft wach gerüttelt und nahm eine feindselige Haltung ein. Diese glatzköpfigen, schnauzbärtigen Männer fletschten die Zähne, beschimpften ihn unflätig und richteten ihre tödlichen Bögen und Pfeile direkt auf sein Herz. Für ihren Zorn hatten die säbelbeinigen Krieger auf ihren struppigen kleinen Pferden mehrere gute Gründe.

Zum einen waren sie es leid, ständig mit 500 Kilo schweren Bomben beworfen zu werden. Zum andern fanden sie die Ungleichheit der Waffen, Bomben gegen Pfeile und Bögen, unfair, unmännlich und feige.

Vor allem aber nahm dieses tapfere Reitervolk, das seine kleinen Pferde über alles liebte, dem deutschen Stuka-Flieger diese grauenhaft kreischende Turbine übel, die Schuld daran trug, dass die verschreckten Pferde durchgingen und sie ihnen auf ihren kurzen säbelförmigen Reiterbeinen über lange Strecken nachlaufen mussten, um sie wieder einzufangen.

Das sollte der Stuka-Flieger ihnen büßen.

Sie wickelten ihn in schmutzig graue Filzdecken ein und verschnürten ihn derart, dass er keinen Finger mehr rühren konnte. Darauf verkleisterten sie all seine Körperöffnungen mit übel riechendem Yakfett, sodass er bald auch keine Luft mehr bekam.

Dann bestiegen sie ihre kleinen Pferde und überließen den Todgeweihten seinem Schicksal.

Während sie in einer riesigen Staubwolke davongaloppierten, kämpfte Joseph Beuys buchstäblich ums nackte Überleben, denn die Tataren hatten ihn auch all seiner Kleider beraubt.

Im letzten Moment, als der tapfere junge Stuka-Flieger mit seinem Leben bereits abgeschlossen hatte, geschah etwas Unerwartetes.

Eine Truppe von zehn russischen Balletttänzerinnen im Tutu erschien wie aus dem Nichts. Nach einigen gekonnten Pirouetten, gefolgt von zierlichen Sprung- und Tanzeinlagen, umkreisten sie den jungen Flieger, entfernten mit tänzerischen Fingerbewegungen das zähe Fett aus Mund, Ohren und Nasenlöchern, hoben ihn hoch über ihre Köpfe und trugen ihn mit weiteren Schreit- und Sprungfiguren davon.

»Ich war mir ganz sicher«, erzählte er später einem Freund, »dass ich nun tot und im Paradies sei. In einem russischen Paradies! Dass dort die faden Engel unseres katholischen Paradieses durch zauberhafte Balletteusen ersetzt werden, erschien mir bei diesem ballettvernarrten russischen Volk naheliegend!«

Entspannt lehnte er sich zurück und genoss die vorbeiziehende Landschaft, als neben ihm eine Troika hielt, einer dieser typisch russischen Schlitten, die von bärtigen Männern gelenkt und von drei Pferden gezogen werden.

Dieser hier war anders. Er wurde von einem kleinen russischen Mädchen mit blonden Zöpfen und einem roten

Käppchen gelenkt und von drei Wölfen gezogen. »Das wird mir doch kein Mensch glauben«, murmelte der junge Beuys, als ihm gerade noch rechtzeitig einfiel, dass er tot und im Paradies sei. Diese Einschätzung wurde einer harten Prüfung unterzogen, als es plötzlich zu schneien anfing und das Thermometer auf gefühlte 50 Grad minus fiel. Nackt, wie er war, fror Beuys bitterlich. Schmerzlich wurde ihm klar, dass er nicht tot, aber steifgefroren war.

Das Rotkäppchen lenkte die Troika mit lauten »Dawai«-Rufen und Peitschenknallen durch einen finsteren Birkenwald, schlitterte über einen zugefrorenen See und hielt wenig später mit viel Geschrei vor einem prächtigen Schloss.

Dieses Schloss, das zur Zarenzeit dem Großfürsten Igor, jetzt aber dem Staatschef der föderalen Sowjetrepublik Tataristan gehörte, war von zwölf bunten Zwiebeltürmen gekrönt und wurde von zwei mannshohen Matrioschkas bewacht, diesen russischen Puppen in der Puppe, die hatten Augen so groß wie Wagenräder.

Kaum hielt die Troika vor dem Portal, trat auch schon der Schlossherr heraus, ein rotnasiger, gemütlicher Apparatschik.

Er begrüßte den tiefgefrorenen Ankömmling mit typisch russischer Gastfreundschaft, ließ ihn von seinen Lakaien vorsichtig aus dem Schlitten heben und ins Haus tragen. Dort wurde er vor dem Kamin aufgetaut und aufs Feinste eingekleidet.

Der junge Beuys kam aus dem Staunen nicht mehr heraus.

Er, der bodenständige Müllersohn vom Niederrhein, dem jede Flunkerei ein Gräuel war, konnte nicht fassen, was da mit ihm geschah.

Immer wieder schüttelte er ungläubig den Kopf und murmelte: »Das wird mir kein Mensch glauben, wenn ich das zu Hause erzähle.«

Dann wurde zur Tafel gebeten.

Die anschließende Völlerei, bei der auch ein Elch, zwei Wildschweine, drei Bären und hundert Rebhühner verzehrt wurden, deren abgenagte Knochen die Tischgäste schwungvoll hinter sich warfen, dauerte bis weit nach Mitternacht und gipfelte nach Landessitte in einem gegenseitigen Unter-den-Tisch-Trinken.

Dieser Wettkampf, den traditionsgemäß der Staatschef und Generalsekretär der KP gewann, verlief diesmal anders als geplant. Joseph Beuys, der ahnte, was da auf ihn zukam, hatte vorsorglich ein Wasserglas voll Öl getrunken, sodass der Alkohol keine Macht über ihn hatte.

Am nächsten Morgen, als der verkaterte Parteichef am Boden zwischen Knochen- und Glassplittern erwachte, musste er lallend zugeben, dass er seinem Gast unterlegen war.

Von diesem Tag an hatte Joseph Beuys das Sagen im Schloss und in der ganzen Sowjetrepublik Tataristan, denn einer, der sich unter den Tisch trinken lässt, taugt nach alter russischer Sitte nicht zum Anführer.

Ganz folgerichtig bezog der junge Beuys nun das prächtigste Appartement des Schlosses, dessen Wände mit Gold und Bernstein tapeziert waren. Sogar die Wasserhähne im Bad und die Klobürste waren aus eitel Gold.

Es war ein Leben in Saus und Braus.

Manchmal, wenn er sich wohlig im Schaum der Onyx-Badewanne rekelte, murmelte der junge Stuka-Flieger: »Das wird mir keiner glauben, wenn ich das zu Hause erzähle!«

Aber gegen die Realität kam er nicht an.

Dann geschah etwas, das ihn mehr als alles andere verblüffte.

Die Krimtataren waren zurückgekommen, lärmten vor dem Tor und wollten eingelassen werden.

Der junge Beuys sprang aus den seidenen Kissen und glaubte fest, sie würden ihm jetzt endgültig den Garaus machen.

So war es aber nicht.

Der Anführer der wilden Horde grüßte verlegen lächelnd und bat Beuys um Vergebung dafür, dass er ihn bei der Gefangennahme so ruppig behandelt hatte. Er zog dessen Fliegermontur unter dem Sattel hervor und überreichte sie ihm, frisch gewaschen und gebügelt. Auch die Fliegerbrille war blank poliert.

Dann brachte einer seiner Kumpane eine Kiste herbei, die war mit Filz und einem Eimerchen Fett gefüllt. Die möge der deutsche Flieger als »Souvenir« mit in seine Heimat nehmen.

Der Hetman der Krimtataren küsste ihn wiederholt auf beide Wangen und nannte ihn »Bruder«.

Aus reiner Gewohnheit trank Beuys ihn unter sein Pferd und winkte ihm lange nach, als der lallende Reitersmann in den Sattel gehoben wurde und mitsamt seiner verwegenen Truppe in einer riesigen Staubwolke verschwand.

Am nächsten Morgen, als der Generalsekretär aus seinem herrgottsmäßigen Rausch erwacht war, bat Beuys seinen Gastgeber, er möge ihn freilassen. Er, Beuys, verspüre eine große Sehnsucht nach seiner Heimat am Niederrhein.

Da kam er aber an den Falschen.

Der Schlossherr dachte nicht im Traum daran, auf diesen gut organisierten Deutschen zu verzichten, der so viele segensreiche Neuerungen in der föderalen Sowjetrepublik Tataristan eingeführt hatte, die Dreifelderwirtschaft zum Beispiel, oder das Jus primae noctis und die Kapitalertragssteuer. Auch die detailreichen, exakt durchgerechneten Pläne für eine Autobahn rund um die Krim hatte er ihm vorgelegt.

Wütend und enttäuscht entzog er Beuys das Du, ließ ihn in Ketten legen und verbannte ihn in den Heizungskeller des Schlosses. Der lag nun im finsteren Verlies auf fauligem Stroh und trug wieder seine alte Fliegeruniform, die ihn als Gefangenen auswies.

Dort lag er noch immer, als zehn Jahre nach dem Ende des Krieges die Weltgeschichte zuschlug.

Im fernen Deutschland, auf dem Flughafen Köln/Bonn, hatte der deutsche Bundeskanzler Konrad Adenauer das Regierungsflugzeug bestiegen, um in Moskau seinen Amtskollegen Nikolai Bulganin zu besuchen.

Er will ihm die letzten 10.000 deutschen Kriegsgefangenen abkaufen, die sich noch immer in sowjetischen Lagern befinden.

Adenauer trinkt zuerst ein Glas Olivenöl und dann Bulganin unter den Tisch, und der Vertrag wird unterzeichnet, zur großen Freude der Gefangenen und ihrer Angehörigen.

Nur Joseph Beuys hat schwere Bedenken. Er weiß, dass alle Heimkehrer aus Russland von Beamten des deutschen Bundesnachrichtendienstes darüber befragt werden, wie es ihnen in der Gefangenschaft ergangen sei.

Joseph Beuys' Plan war so einfach wie genial. Er verschwieg konsequent alle die Erlebnisse, von denen er schon immer gesagt hatte, dass die ihm keiner glauben würde, wenn er sie zu Hause erzählt.

Also kein Wort über die Balletttänzerinnen im Tutu, nichts über das Rotkäppchen und die Troika mit den drei

Wölfen, und erst recht nichts über seine Zeit als faktischer Staatschef der Sowjetrepublik Tataristan im Schloss mit den zwölf bunten Zwiebeltürmen und den zwei mannshohen Matrioschkas davor, mit Augen so groß wie Wagenräder.

Was blieb, war ein nüchterner Tatsachenbericht über die freundlichen Krimtataren, die ihm zum Abschied als »Souvenir« eine Kiste mit Filz und ein Eimerchen mit Yakfett überreicht hatten.

Beides konnte Joseph Beuys vorweisen.

Da blieb auch den misstrauischen BND-Bullen nichts anderes übrig, als ihm seine märchenhafte Erzählung zu glauben. Angewidert winkten sie ihn durch, nachdem sie an dem übel riechenden Yakfett geschnuppert und mehrfach die Filzplatten durchstochen hatten.

Endlich wieder zu Hause in Kleve, beginnt für Joseph Beuys ein neues Leben.

Seit er zurück ist, hat er sich in sein Jugendzimmerchen unter dem Dach zurückgezogen und dort angefangen, aus dem mitgebrachten Filz kleine nützliche Dinge für den Hausgebrauch zu fertigen.

Mit Bierfilzen fing er an, dann kamen Untersetzer für Teekannen, Pfannen, Kochtöpfe und wackelnde Stühle und Tische dazu. Auch Fenster und Türen konnte er jetzt abdichten. Damit machte er sich in der Familie und in der Nachbarschaft beliebt und konnte sich vor Aufträgen bald nicht mehr retten.

Das brachte Joseph Beuys auf die Idee, aus diesen Fertigkeiten ein Geschäftsmodell zu entwickeln. Um dafür zu werben, hatte er sich einen Zweizeiler einfallen lassen:
»Wenn etwas wackelt oder raucht,
Beuys hat, was man dagegen braucht.«
Dieser lustige Vers sollte aber nie zum Einsatz kommen.

Ein Schulfreund meldete seinen Besuch an, der hatte Karriere gemacht und war nun einer der maßgebenden deutschen Kulturkritiker.

Für Beuys hieß das vor allem, dass er seine zugemüllte Werkstatt aufräumen musste. Auch das übel riechende Fetteimerchen musste entsorgt werden.

Am Abend blickte Beuys zufrieden über sein Werk. Die Filzschnipsel waren entsorgt und den restlichen Filz hatte er in gleich große Quadrate geschnitten und übereinandergestapelt.

Auch das stinkende Fetteimerchen war verschwunden. Den Inhalt hatte er, zwecks späterer Verwendung, auf einen unbenützten alten Küchenstuhl geschmiert.

Der Besuch konnte kommen!

Dann stand er in der Tür.

Die beiden Klassenkameraden, die so manches Vogelnest

ausgeräumt, manchen Mädchenzopf in Tinte getaucht und manche Lehrer in Weißglut gebracht hatten, fielen sich in die Arme und betätschelten immer wieder ihre Rücken.

Noch während der Umarmung fiel der Blick des berühmten Kritikers auf den Filzstoß und gleich danach auf den Fettstuhl.

Er machte sich ruckartig los, umkreiste beides und massierte nachdenklich sein Kinn.

Dann baute er sich vor Freund Joseph auf, sah ihm tief in die Augen und über ihn hinweg in die Ferne und sagte, jedes Wort einzeln betonend: »Weißt du eigentlich, was du da gemacht hast?«

Und als Beuys ratlos und ein wenig ängstlich nichts zu sagen wusste: »Natürlich weißt du es nicht! Das ist ja eben das Merkmal von euch Genies, dass ihr nicht wisst, was ihr tut.«

Dann machte der Großkritiker eine bedeutungsvolle Pause.

Als er fortfuhr, sprach er, sozusagen in Großbuchstaben:

»Um euch das zu erklären, was ihr, gewissermaßen in geistiger Abwesenheit, tut und was ihr euch dabei denkt, dafür sind wir, die Kritiker, da, und nur wir! Und als Kritiker sage ich dir, was dir da widerfahren ist: Das ist KUNST, mein Lieber, GANZ, GANZ GROSSE KUNST, vielleicht sogar WELTKUNST!«

Und als der bescheidene Joseph Beuys lächelnd abwehrte, da müsse ein Irrtum vorliegen, er, Beuys, sei gewiss kein Künstler, er könne ja nicht einmal zeichnen, sah ihn der Großkritiker fast mitleidig an:

»Man merkt, dass du lange weg warst.«

Während seiner zehnjährigen russischen Gefangenschaft sei hier die Zeit nicht stillgestanden.

Heute gelte die Überzeugung, dass jeder Mensch ein Künstler ist. Als Konsequenz aus dieser Maxime habe man sich entschlossen, den Kunstbegriff zu erweitern. Ob er, Joseph, ihm bis dahin folgen könne?

Mit offenem Mund hatte Beuys ihm zugehört. Seit seinem Absturz auf der Krim, als ihn die zwölf Ballettratten im Tutu mit Hebefiguren und eleganten Tanzschritten fortgetragen und ihm das Leben gerettet hatten, war er über nichts mehr so erstaunt gewesen.

Er ahnte, dass da etwas im Gange war, das ihn weit über sein kleines Filzgeschäft in Kleve hinaustragen würde.

Ihm schwirrte der Kopf.

Dann fragte er seinen Schulfreund, was er denn tun könne, um seiner neuen Rolle gerecht zu werden. Der Großkritiker, der schon anfing, ein wenig ungeduldig zu werden, sagte barsch: »Nichts! Du sagst gar nichts, verstanden? Alles, was es über dich zu sagen gibt, steht in der Zeitung, kapiert?«

Joseph Beuys, der viel zu bescheiden war, um dem berühmten Kritiker zu widersprechen, folgte dessen Anweisungen derart konsequent, dass einen Monat später in einem mehrsprachigen Hochglanzmagazin ein doppelseitiger Bericht über den »Schamanen vom Niederrhein« erscheinen konnte.

Die ganze linke Seite nahm ein Foto ein, auf dem Beuys eine Anglerweste trug und einen runden Filzhut mit hochgezogener Krempe. Diesen markanten Auftritt behielt er sein Leben lang bei.

Niemals zuvor hatte ein Künstler eine derart einprägsame Verkleidung getragen.

Über das Werk des bisher völlig unbekannten Shootingstars erfuhr man in diesem Beitrag nur wenig, und es gab auch keine Abbildungen.

Den größten Teil des Textblocks nahm der Bericht über die Rettung des abgestürzten Fliegers durch die freundlichen Krimtataren ein, die ihn in Filz gewickelt und mit Yakfett gesalbt hatten, und welch magische Rolle Filz und Fett seither im Werk des Joseph Beuys spielten.

Diese eingängige Geschichte wurde in den nächsten Wochen in allen Feuilletons rund um den Globus verbreitet.

Beuys war »angekommen«. Er war jetzt eine »Marke«.

Als kurz darauf an der Düsseldorfer Akademie die Planstelle eines Professors für die Bildhauerklasse neu zu besetzen war, schlug sein Förderer, der auch in der Findungskommission saß, Beuys als Nachfolger vor.

Er legte seine ganze Prominenz in die Waagschale und sorgte dafür, dass sein Schulfreund ohne Gegenstimme gewählt wurde.

Der schlug als erste Amtshandlung vor, jeden, der in die Bildhauerklasse eintreten wollte, ohne Prüfung aufzunehmen.

An dem Tag, als 450 Studierende dieser Einladung gefolgt waren, zog sein oberster Dienstherr, der Ministerpräsident von Nordrhein-Westfalen, ein gutwilliger, aber fiskalisch denkender Mann, die Notbremse.

Er feuerte Beuys eigenhändig.

Diese Maßnahme machte Beuys mit einem Schlag zum Liebling der Medien und öffnete ihm die Herzen der Menschen, die Spalten der Feuilletons und die Türen der Museen und Galerien.

Ein kunstsinniger Fabrikant von Haarpflegemitteln erwarb sein gesamtes Frühwerk, darunter den Filzstapel und den Fettstuhl, und stiftete es dem Landesmuseum mit der Maßgabe, es dort auf Dauer auszustellen.

Nun gehörte Beuys zu den Unberührbaren. Er, der inzwischen seinen Kunstbegriff um lebende Kojoten, tote Hasen, Honigpumpen und Hirsche mit Blitzschlag erweitert hatte, wurde jetzt auch zu den großen Weltkunst-Events eingeladen: die documenta in Kassel, die Biennale in Venedig, das Guggenheim in New York.

Hier traf er auf seinen ärgsten Konkurrenten, Andy Warhol, einen Pop-Artisten, der sein Glück mit kolorierten Fotokopien gemacht hatte, auf denen Marilyn Monroe, Blumen, elektrische Stühle oder Autounfälle zu sehen waren.

Auch er hatte sich einen Slogan ausgedacht, der um die ganze Welt ging: »In Zukunft wird jeder Mensch für eine Viertelstunde berühmt sein.«

Was der weißhaarige Strubbelkopf dabei nicht bedacht hatte: Im Umkehrschluss bedeutet das ja nichts anderes, als dass dieser arme Mensch den ganzen langen Rest seines Lebens als graue Maus verbringen muss.

Kein Wunder, dass diese trübe Prognose gegen die Verheißung des Joseph Beuys nicht bestehen konnte: Ein Künstler und somit einmalig zu sein auf immer und ewig! Wer wollte das nicht!

Ganz folgerichtig landete Warhol auf der soeben erschienenen Forbes-Liste der wertvollsten Künstler weit abgeschlagen hinter Beuys.

Unter den Gratulationen, die er spätnachts in seiner Hotelsuite vorfand, freute ihn eine besonders. Sie kam aus Tataristan und lautete: »Chapeau, Towarischtsch Beuys!« Sie hatten ihn nicht vergessen auf der Halbinsel Krim.

Am Tag darauf beobachtete die Stewardess Kristen Adams auf dem Flug 180 New York–Berlin der Pan American Airways einen Passagier der ersten Klasse, der einen Hut trug, den er nie absetzte, und unaufhörlich vor sich hin murmelte:

»Das wird mir keiner glauben, wenn ich das zu Hause erzähle … das wird mir keiner glauben …«

EIN SCHÖNER TOD

V or Zeiten lebte in unserer Stadt ein Schriftsteller, der sich schon am Beginn seiner Karriere dafür entschieden hatte, keinen der 1320 Literaturpreise anzunehmen, die damals Jahr für Jahr an deutschsprachige Autoren vergeben wurden. In einem Zeitungsinterview begründete er dieses ungewöhnliche Verhalten mit seiner Überzeugung, alle infrage kommenden Juroren seien entweder korrupt oder schlichtweg ahnungslos, auf keinen Fall aber kompetent genug, sein Werk angemessen zu beurteilen oder auch nur zu loben. Er bitte deshalb darum, ihn auch mit Ehrendoktoraten, Professuren, Stipendien, Fellowships, Stadtschreiberposten »und dergleichen Unfug« zu verschonen.

Hier muss eingefügt werden, dass der Schriftsteller, nennen wir ihn Doblauer, nicht etwa zu dem grauen Heer seiner Kolleginnen und Kollegen gehörte, die ohnedies nie auch nur mit dem geringsten Preis rechnen konnten, im Gegenteil. Doblauer war ein angesehener, produktiver und vielseitiger

Autor. Seine Essays, Glossen und satirischen Polemiken wurden von einer treuen Anhängerschaft in den höchsten Tönen gelobt, und auch seine Romane und Erzählungen, die in rascher Folge erschienen, entzückten wegen ihres hintergründigen Humors und des eigenwilligen Gebrauchs von Adjektiven seine Leser.

Doblauer ließ sich von dem Lob nicht bestechen. Im Gegenteil, er, der ohnedies jeder Verbindlichkeit abhold war, wurde im Laufe der Jahre immer mürrischer und unzugänglicher. Einmal, als er »nur zum Spaß« den »Schimmelreiter-Preis« der Stadt Husum angenommen hatte und dafür beglückwünscht wurde, brach er sofort jeglichen Kontakt zu den Gratulanten ab und nahm ihn nie wieder auf.

So vergingen die Jahre.

Weitaus geringere Talente nahmen inzwischen die Preise entgegen, die so mancher Juror lieber ihm zugesprochen hätte.

Dann war Doblauer alt.

Er änderte von einem Tag zum andern seine Meinung.

Er setzte sich hin und schrieb ein Dutzend Briefe an die Feuilletonchefs der großen Zeitungen und Hörfunksender, er, Doblauer, nehme ab sofort Literaturpreise und ähnliche Ehrungen ohne Einschränkung entgegen und bitte, dies entsprechend zu kommunizieren.

Ein Wunder geschah.

Wer geglaubt hatte, es ginge Doblauer wie der sprichwört-lichen Jungfer, die in ihrer Jugend alle Freier abgewiesen hatte und nun, als runzlige Alte, alles Versäumte vergeblich nach-holen wollte, sah sich getäuscht.

In Windeseile verbreitete sich die Nachricht auf der Leip-ziger Buchmesse, einer tuschelte es der anderen zu, mit dem Ergebnis, dass von den Juroren der inzwischen 1546 deut-schen Literaturpreise sich mehr als die Hälfte spontan ent-schloss, Ortwin Doblauer an die Spitze der Kandidatenlisten zu setzen. Vorausgegangen waren zahllose nächtliche Tele-fonkonferenzen, zu denen die Juroren aus den Betten, ja sogar aus dem Urlaub geholt wurden. Säle und Hotelsuiten wurden angemietet, Caterer und Fleurop-Dienste beauftragt und Streichquartette gebucht.

Alles geschah in größter Eile und unter höchster Geheim-haltung, in der Hoffnung, der Erste, wenn nicht sogar der Einzige zu sein und so alle Aufmerksamkeit der literarischen Welt auf sich zu ziehen.

So kam es aber nicht.

Vielmehr fand sich Ortwin Doblauer im folgenden Bü-cherherbst als Gewinner so unterschiedlicher Preise wieder wie dem Kleist-, Büchner- und Lessing-Preis, der Roswitha-Medaille, dem Zwickauer Literaturpreis, dem Aargauer Adler, der Ulmer Unke, der Euskirchener Eule und dem

Bayerischen Poetentaler. Auch die Auslober weniger bekannter Auszeichnungen wie dem August-Brömse-Preis der Stadt Sprockhövel, dem Goldenen Michl, dem Karlsruher Kelch, der Luise-Rinser-Plakette und des Irseer Pegasus hofften, es mit der Nominierung von Ortwin Doblauer in die Schlagzeilen zu schaffen. Der Kulturdezernent von Goslar verkündete, er werde höchstpersönlich Doblauer den Kaiserring der Stadt über den Finger streifen, obwohl der eigentlich für bildende Künstler vorgesehen ist. Immerhin hatte Ortwin in seiner Jugend sehr ansprechende Landschaftsbilder im Stil des magischen Realismus gemalt.

Den erreichte, noch bevor die Messe zu Ende gegangen war, die Anfrage, ob er bereit sei, den Altonaer Aal entgegenzunehmen. Der Juror scheute sich nicht, deshalb den bereits gewählten Preisträger, einen hoch angesehenen isländischen Lyriker, wegen eines angeblich soeben erst bekannt gewordenen sexuellen Übergriffs in den Siebzigerjahren von der Liste zu streichen.

Und das war erst der Anfang.

In den kommenden Monaten regnete es Preise, Stipendien, Gastprofessuren und Ehrendoktorate von Universitäten wie Minnesota, Graz und Novi Sad. An manchen Tagen quollen zwanzig Anfragen aus seinem Briefkasten. Doblauer beantwortete alle, und er nahm alle Preise an.

Ihm war klar, dass die Entgegennahme von achthundert Literaturpreisen ihn vor ein enormes logistisches Problem stellte und, da er die achtzig längst überschritten hatte, auch vor ein medizinisches.

Hier trat nun seine Gattin auf den Plan, eine grauhaarige, gut organisierte Volkshochschulpräsidentin im Ruhestand. Sie war es nicht gewohnt, halbe Sachen zu machen. Als Erstes schaffte sie ein bequemes Reisemobil an, das einen zweiachsigen Wohnwagen hinter sich herzog.

So fuhr Doblauer, mit seiner Gattin am Steuer, in Begleitung seines Hausarztes, dessen Aufgabe es war, ihn täglich mit Spritzen aufzupäppeln, und einem persönlichen Trainer von Stadt zu Stadt.

Den Terminkalender hatte die Gattin so getaktet, dass er an manchen Tagen ein halbes Dutzend Preise entgegennehmen konnte.

Die Fahrzeit zwischen den Auftritten nutzte er, um an einem kleinen Tisch im Wohnwagen ganze Stapel seines letzten Werkes zu signieren, die ihm sein Trainer zureichte und der Hausarzt abnahm.

Die Laudatoren warteten vor den ausverkauften Sälen, Stadthallen und Theatern mit Redemanuskripten, die von der Gattin vorab geprüft, korrigiert und freigegeben worden waren.

Schon in der dritten Woche dieser Tour de force hatte Ortwin Doblauer mehr Preise entgegengenommen als Sarah Kirsch in ihrem ganzen Leben. Nach einem Monat übertraf die Summe seiner Preisgelder die von Susan Sontag und Martin Walser zusammengenommen.

An einem kalten, trüben Novemberabend verließ Ortwin Doblauer die Festgesellschaft, die ihm in der Stadthalle von Obermenzing bei der Entgegennahme der Luise-Rinser-Medaille für sein Lebenswerk zugejubelt hatte.

Er war müde.

Er war allein.

Die vergangenen drei Monate hatten an seinen Kräften gezehrt. Nur die bis auf den letzten Platz gefüllten Säle, das frenetisch applaudierende Publikum, die glänzenden Augen und geröteten Wangen der Frauen hatten ihn von Stadt zu Stadt weitergetragen, kreuz und quer durch die Republik und die deutschsprachigen Alpenländer. Jetzt saß er erschöpft und halb entkleidet auf der Bettkante. Kalter Schweiß stand auf seiner Stirn.

Das Telefon läutete.

Er nahm ab und hörte wie aus weiter Ferne ein Rauschen und Knacken, dann eine Männerstimme mit deutlich skandinavischem Zungenschlag, die ihm nach einigen höflichen Floskeln mitteilte, das Nobelpreiskomitee habe sich mit großer Mehrheit auf ihn, Ortwin Doblauer, als nächsten Literaturpreisträger geeinigt. Ob er denn willens sei, selbst nach Stockholm zu kommen? Es sei da kürzlich der Reinfall mit diesem amerikanischen Volkssänger passiert, so etwas dürfe sich nicht wiederholen.

Ortwin Doblauer lauschte und nickte. Eine heiße Welle strömte durch seinen Körper.

Eine Stunde später fand ihn seine Entourage leblos auf dem Boden liegend.

So blieb ihm die Erkenntnis erspart, dass er auf den üblen Scherz eines Satirikers hereingefallen war, der sich seit Jahren als Stimmenimitator und Telefonterrorist profiliert hatte, und zwar in Diensten derselben humoristischen Zeitschrift, bei der Ortwin sich in seinen Anfängen die ersten satirischen Sporen verdient hatte.

DANKSAGUNG

an die Autorinnen und Autoren, deren Bücher ich mit Gewinn gelesen habe, während ich diese acht Geschichten schrieb:

> *Zeugenaussage. Die Memoiren des Dmitrij Schostakowitsch*, Ullstein Verlag, Frankfurt-Berlin-Wien.
> Martin Mosebach: *Du sollst dir ein Bild machen. Über alte und neue Meister*, rororo Hamburg.
> Giorgio Vasary: *Jeder nach seinem Kopf. Die verrücktesten Künstlergeschichten der italienischen Renaissance*, Verlag Klaus Wagenbach, Berlin.
> Robert Gernhardt: *Der letzte Zeichner*, Haffmans Verlag, Zürich.
> Lawrence Gowing: *Die Gemäldesammlung des Louvre*, Du Mont Buchverlag, Köln.

Aus einigen habe ich zitiert, so aus den Memoiren von Dmitrij Schostakowitsch, aus Joseph Roth: *Radetzkymarsch*, Verlag Kiepenheuer & Witsch, Köln, und vor allem aus dem augenöffnenden Buch von Brigitte Hamann: *Hitlers Wien. Lehrjahre eines Diktators*, Piper Verlag, München.

Posthumer Dank an Chlodwig Poth, dem ich von Hamanns Buch erzählte. Er hat mich auf einen Bühnenentwurf des jungen Hitler aufmerksam gemacht, den er »gar nicht so übel« fand.

Dank auch an Mischa Alexander, der mich in die Mysterien des »Fierljeppens« und des Pfahlsitzens eingeweiht hat. Sein »Sportsmann des Jahrhunderts« ist einer meiner Lieblingsfilme.

Dank an die unverzichtbare Enzyklopädie Wikipedia.

Dank an Nikolaus Heidelbach, der die Texte kritisch gelesen und dabei erstaunliches Wissen über die Wiener Scene bewiesen hat, und an Tilman Göhler, den grafischen Gestalter dieses Buchs, der meine zeitweise täglichen Mails, Anrufe und Änderungswünsche mit gutem Humor ertragen und umgesetzt hat.

Last but not least Dank an meine Frau, die meine Nase die ganze Zeit über Wasser gehalten und die Texte in vier Versionen abgeschrieben hat. Sie wurde darin nur von der Gräfin Tolstaja übertroffen, die *Krieg und Frieden* sieben Mal abgeschrieben haben soll.

© Verlag Antje Kunstmann GmbH, München 2022

Cover: Hans Traxler

Satz: Schuster&Junge

Druck und Bindung: Pustet, Regensburg

ISBN 978-3-95614-503-2